大学生创新创业教育教学丛书

大学生创新创业项目培育教程

卢婵江　吴志强
赵立朝　王永刚　**编著**

华中科技大学出版社
中国·武汉

内 容 简 介

尽管大学生已成为我国当前创新创业的生力军,但创业成功率只有3‰左右。创业是一个复杂的系统工程,其成败不仅与创业环境有关,还与个体的素质和能力有关。创新创业素质和能力的积累不足是导致当前大学生创业容易失败的最主要原因之一。

本书是以提升大学生创新创业核心素质和创新创业实践能力为目标,在总结笔者十余年实践探索和经验积累的基础上整理而成的,内容包括大学生创新创业项目培育的基本认识、扶持政策的发展、项目培育的基础、团队的组建、实践的组织、项目的孵化、项目的落地、项目的成长等,系统介绍了从意识的激发到企业成长壮大的项目培育要点,覆盖企业的全部生命历程。

本书可作为普通高等学校大学生创新创业类课程的教材,也可作为各类创客空间开展创新创业项目培育的参考书。

图书在版编目(CIP)数据

大学生创新创业项目培育教程/卢婵江等编著. —武汉:华中科技大学出版社,2018.4
(大学生创新创业教育教学丛书)
ISBN 978-7-5680-4032-7

Ⅰ.①大… Ⅱ.①卢… Ⅲ.①大学生-创业-高等学校-教材 Ⅳ.①G647.38

中国版本图书馆 CIP 数据核字(2018)第 069650 号

大学生创新创业项目培育教程　　　　　　　　　卢婵江　吴志强
Daxuesheng Chuangxin Chuangye Xiangmu Peiyu Jiaocheng　赵立朝　王永刚　编著

策划编辑:	万亚军
责任编辑:	戢凤平
封面设计:	原色设计
责任监印:	周治超
出版发行:	华中科技大学出版社(中国·武汉)　　电话:(027)81321913
	武汉市东湖新技术开发区华工科技园　　邮编:430223
录　　排:	武汉三月禾文化传播有限公司
印　　刷:	武汉华工鑫宏印务有限公司
开　　本:	710mm×1000mm　1/16
印　　张:	12.25
字　　数:	261千字
版　　次:	2018年4月第1版第1次印刷
定　　价:	38.00元

本书若有印装质量问题,请向出版社营销中心调换
全国免费服务热线:400-6679-118　竭诚为您服务
版权所有　侵权必究

前　言

我国从1999年开始探索专业化的创新创业教育。经过10多年特别是近10年来的积累,创新创业教育在全国各大高校得到快速的发展,大学生创新创业的意识得到显著的提升。《国家中长期教育改革和发展规划纲要(2010—2020年)》的5年实施情况总体评估报告显示:截至2015年7月,全国大学生创业及参与创业42.3万人,同比增加6.8%,成为大众创业、万众创新的生力军。但与如火如荼的创业热潮相比,全国大学生的创业成功率始终徘徊在3%左右,未能得到明显提升。可见当前的创新创业教育依然面临诸多困难,难以满足国家创新驱动发展的战略需要。尤其对于我国占绝对主体的后发展地区,当前"广谱式"的、基础性的创新创业教育既不能充分反映创业环境在我国区域上的差异,也难以有效提升大学生的创新创业核心素质和创新创业实践能力。

创业是一个复杂的系统工程,其成败不仅与市场、资金、资源等外部环境有关,还与创新创业者个人的素质和能力有着重要的关联。广西大学创新创业教育团队经过多年的探索与实践,认为创新创业团队核心素质和能力积累的不足,是导致大学生创业失败的最主要原因之一。同时,只有政府、高校以及企事业单位协同构建区域性的创新创业生态系统,深度参与创新创业型人才的培养,为大学生提供更多更具实质性的、更加精准的帮扶,才能突破各方面条件的限制,切实提升大学生的创新创业能力,从而推动创业型经济以及以创业促就业的良好格局的形成。

本书内容主要包括大学生创新创业项目培育的基本认识、大学生创新创业扶持政策的发展、大学生创新创业项目培育的基础、大学生创新创业团队的组建、大学生创新创业实践的组织、大学生创新创业项目的孵化、大学生创新创业项目的落地、大学生创新创业项目的成长,是从提升大学生创新创业核心素质和创新创业实践能力的目标出发,以地方综合性大学为试点,在总结近10年来改革实践和经验积累的基础上整理而成的,希望能为我国高校特别是后发展地区高校的大学生创新创业项目培育提供有益的参考。

  本书可作为普通高等学校大学生创新创业类课程的教材，也可作为各类创客空间开展创新创业项目培育的参考书。

  本书由卢婵江、吴志强、赵立朝、王永刚撰写。由于创新创业教育在各个地区、各个高校开展的条件和情况存在较大差异，我们的学识、理论水平以及所掌握的最新信息有限，加上时间仓促，书中难免有不尽如人意的地方和疏漏，在此诚挚希望得到各位专家和各界专业人士的批评指正。

  最后，特别感谢广西大学教务处对本书出版的资助。

卢婵江
2018 年 3 月于绿城南宁

目　录

第一章　大学生创新创业项目培育的基本认识 …………………… (1)
　　第一节　创新创业的定义与内涵 …………………………………… (1)
　　第二节　大学生创新创业教育的目标与定位 ……………………… (2)
　　第三节　大学生创新创业项目培育的意义与作用 ………………… (8)
第二章　大学生创新创业扶持政策的发展 ………………………… (9)
　　第一节　国外创新创业扶持政策的发展 …………………………… (9)
　　第二节　我国创新创业扶持政策的发展 …………………………… (11)
　　第三节　地方创新创业扶持政策的发展 …………………………… (14)
第三章　大学生创新创业项目培育的基础 ………………………… (18)
　　第一节　创新创业意识的激发与培养 ……………………………… (18)
　　第二节　潜在创新创业者的识别和筛选 …………………………… (23)
　　第三节　创业者的核心素质与能力的培养 ………………………… (25)
第四章　大学生创新创业团队的组建 ……………………………… (36)
　　第一节　创新创业项目的选取 ……………………………………… (36)
　　第二节　创业团队领袖的选拔 ……………………………………… (38)
　　第三节　创业团队成员的选拔 ……………………………………… (40)
　　第四节　创业团队合力的建构 ……………………………………… (42)
　　第五节　创业团队与创业导师的匹配 ……………………………… (45)
第五章　大学生创新创业实践的组织 ……………………………… (50)
　　第一节　创新创业实践的常见形式 ………………………………… (50)
　　第二节　创新创业实践活动的选取 ………………………………… (53)
　　第三节　创新创业实践活动的实施 ………………………………… (54)
第六章　大学生创新创业项目的孵化 ……………………………… (56)
　　第一节　创新创业核心团队的优化 ………………………………… (56)

第二节　创新创业孵化项目的确定 …………………………… (61)
   第三节　孵化项目的启动与生产服务 ………………………… (64)
   第四节　创业资源的获取与开拓 ……………………………… (69)

第七章　大学生创新创业项目的落地 ………………………………… (74)
   第一节　初创企业的选址 ……………………………………… (74)
   第二节　初创企业启动资金的准备 …………………………… (78)
   第三节　企业注册的法律流程 ………………………………… (89)
   第四节　企业的人力资源管理 ………………………………… (102)
   第五节　初创企业的市场营销 ………………………………… (113)
   第六节　初创企业的财务管理 ………………………………… (119)

第八章　大学生创新创业项目的成长 ………………………………… (124)
   第一节　企业的成长扩张 ……………………………………… (124)
   第二节　企业品牌的塑造 ……………………………………… (132)
   第三节　企业不同阶段的融资 ………………………………… (134)
   第四节　成长企业的危机管理 ………………………………… (141)

附录　大学生创新创业主要扶持政策 ………………………………… (152)
   附录A　国家相关扶持政策 …………………………………… (152)
   附录B　广西相关扶持政策 …………………………………… (162)
   附录C　其他相关扶持政策 …………………………………… (172)

参考文献 …………………………………………………………………… (186)

第一章　大学生创新创业项目培育的基本认识

第一节　创新创业的定义与内涵

创新（innovation）一词起源于拉丁语，是以新思维、新发明和新描述为特征的一种概念化过程。创新一般被理解为产生自己独有的创意，创造出全新的有别于其他人的事物、技术、想法。创新是人类特有的认识能力和实践能力，是人类主观能动性的高级表现形式。

创业（entrepreneurship）是创业者通过发现和识别商业机会，在资源缺乏的情况下组织各组资源、提供产品或服务，以创造价值的过程。创业的要素一般包括创业机会、创业团队和创业资源三个部分，要求创业者贡献出时间、付出努力，承担相应的财务的、精神的和社会的风险并获得金钱的回报、个人的满足和独立自主。

创新与创业二者在本质上是相通的，其目标、内容、功能甚至实现过程也显示出高度的一致，即创新是创业的先导和基础，创业是创新的载体和表现形式。

在国外，创新与创业并非并行的关系，而更多的是包含的关系，即创新是创业中必不可少的内容，已经被深度融入到创业之中，所以在概念上没有一个将"创新创业"融合的词汇。在我国，由于自主创业起步较晚，科技的发展相对缓慢，科技型创业、创意型创业依然占比较小，科技创新的含量在自主创业的企业中也相对较少，创新的生产力尚未得到充分的开发。为了进一步引导和鼓励社会经济朝着创新型经济的方向转换，政府高度重视创新的力量，主动出台和实施创新驱动的系列重大政策，并将创新与创业相提并论。这主要是基于我国现阶段国情的现实要求。

创新创业可以理解为创业、创新以及专业技能的有机结合，即以专业技能作为沟通的桥梁，将创新与创业有机地结合在一起。以创新作为原动力，以专业技能作为工具，最终带动创业的产生，达成创新创业行为。

第二节　大学生创新创业教育的目标与定位

一、什么是创新创业教育

"创新创业教育"是20世纪80年代西方国家提出和发展的一种新的教育理念和模式，以培养创业人才为目标，通过创业教育培养学生的创业意识、创业精神和创业知识技能、创新能力及主动适应社会的创新创业心理品质。

创新创业教育是将创业教育、创新教育以及专业教育有机结合，通过开发新的教学模式，注重学生实践活动的质量，使学生认清自我和人生，形成良好的自我意识，增进学生创新精神和事业心，同时不断挖掘学生的相关潜力，达成学生的创新创业行为。通过创新创业教育，可为社会和经济的发展提供高水平的人力资源以应对知识经济和全球一体化的挑战，提升高等教育的质量及多元取向，促进学生最大化的发展。

创新创业教育涉及商学、教育学、心理学、社会学、哲学、法学等多个学科，是典型的跨学科、强调应用的教育模式，需要包括创新知识体系、创业知识体系以及其他相关领域的理论知识和实践经验作为支撑。

二、创新创业教育的理论基础

当前在创新创业教育领域影响较大的理论有很多，下面主要介绍几种应用较广的理论。

（一）主体教育理论

主体教育，是指由一个主体培养另一个主体的教育，强调自主性、创造性和主动性，目标是使受教主体得到全面、充分、自由的发展。从价值观角度来看，主体教育理论强调了教育的最高价值是人类本身，体现了受教主体在成长过程中具备一定的主体性。该理论的价值立场是发挥施教主体和受教主体两者的主体性,同时弘扬受教主体的主体性,以此达到培养创造性的人才的目的。因此,创新创业教育一定要从受教育者个体的需要出发,强制性的学习,或强迫对创新创业无需求的人学习,都是无效的学习。

(二)个性教育理论

个性教育理论兴起于20世纪80年代,被视为现代化教育的标志和方向。个性化教育认为:受教者由于受遗传、性格、环境、成长过程及自身努力等因素的影响,在智力、思维、心理、生理、情感和社会背景等各个方面存在差异性,针对这些差异和受教个体的身心发展规律制定有针对性的因人而异的教育方法和内容,使其适应受教者的个性特性,将促进个体良好的个性发展,体现个体良好鲜明的个性,并有益于思维力、想象力、创造力等其他各项能力的挖掘。创新创业教育强调对受教者思维力、想象力和创造力的挖掘和培养,因此一定要从受教者的需要、基础和个性出发进行设计。

(三)全面发展教育理论

"人的全面发展理想"最早由马克思提出,后逐渐发展成为"全面发展教育理论"。全面发展教育理论强调的是个体所具备的才能和品质都应得到充分协调的发展。由于每个个体都存在差异,教育既要考虑教育对象全面发展的共性,同时也要结合个体的个性差异。全面发展教育理论要求教师为学生的全面发展营造氛围、创造环境、提供条件,使学生通过不断的学习和训练掌握各类知识,并将所学内化成为自身的思维方式和行为习惯,从而真正理解和运用知识,最终达到促进其全面发展的目的。因此,创新创业教育需要依据学习中具体的社会文化环境进行有针对性的设计,还需要有意识地为教育过程创设社会文化环境支持。

(四)建构主义理论

建构主义理论认为,个人的学习与社会具有密不可分的联系,社会文化环境对个体的学习过程产生着重要的影响作用。建构主义是瑞士著名心理学家皮亚杰提出的,经过几十年的发展,建构主义发展成为教育领域影响最为深远、应用最为广泛的心理学理论之一。建构主义是指通过对个体原有知识经验、学习环境、文化情境等因素在学习过程中的作用进行具体分析,提出教育对象知识与技能的建构生成过程。其主要核心观点包括:学习的过程以学习者内在需要为动力,即教育过程的实质是信息的转移与吸收,是学习者主动、有选择性地选择信息的过程。建构主义理论强调学习过程应以学习者的知识经验为重要基础,以学习情境的建构为关键环节。学习情境包括学习过程中的外部参与主体和社会文化环境。因此,创新创业教育不仅应依据学习中具体的社会文化环境进行有针对性的设计,更要有意识地为教育过程创设社会文化环境支持,这样才能更好地提升教育效果。

(五)创新创业生态系统理论

创新创业生态系统是将创新创业视为一个完整的社会生态系统。该系统的演化过程是持续的动态耦合过程,即在创新创业行为进行的过程中,人才与其所处的外部不同生态子系统之间持续发生复杂的知识、技术、文化关系的传递和互动,不同的参与主体、演化过程以及演化路径均受到多种因素的共同作用与相互影响并做出反馈、互动和适应。创新创业生态系统理论认为,创新创业行为受到多种因素影响,在宏观层面包含政策制定、体制机制、科技进步、经济社会发展水平、文化氛围和生态环境承载力等;在中观层面包含政策效力发挥、资金扶持力度、平台建设状况、氛围友好程度等;在微观层面包含人才个体或团队的意识、心理、需求、知识、素质、能力等。因此,创新创业教育应从内、外部环境的视角同时关注教育主体和教育客体在该系统当中的关联性和相互影响。

除以上理论基础外,创新创业教育领域的相关重要理论还在不断得到深化和拓展。

三、大学生创新创业教育的目标

创新创业教育最早是1989年联合国教科文组织召开的"面向21世纪教育国际研讨会"上提出的,创新创业教育是一种健全人格式的教育,是以培养创新创业精神和能力为核心的一种教育模式,其根本目的就是转变人才的类型,即将就业型人才转变为创新创业型人才。

创新创业教育在我国主要经历了三个发展阶段:起步阶段(1989—1998年)、兴起阶段(1999—2001年)、快速发展阶段(2002年至今)。如今中国社会对创新创业教育正在逐渐达成一些共识。学者曹胜利曾指出:真正意义上的创新创业教育着眼于为未来几代人设定创新与创业的"遗传代码"。向晓书指出:创新创业教育是一种区别于传统教育的教学方式,是着重培养学生的创业意识、创业能力、创业素质和创新思维的教育实践活动,是素质教育的深入与发展。创业教育的本质与核心是创新教育,创业教育应该是创造性思维的训练、创业家精神的培养、创业相关知识的掌握和创业实践能力的锻炼;创新创业教育是创业教育、创新教育以及专业教育的有机结合;高校应当在国家实施创新驱动发展战略中主动承担起创新创业型人才培养的责任;创新创业教育是激发大学生自主创新创业的重要手段之一;绝大多数大学生都是通过创新创业教育开始了解创新创业并学习创新创业所必需的各项技能;等等。以上均为推动我国创新创业教育的发展奠定了一定的社会基础。

科技创新能力是促进生产力发展的第一要素,是知识经济发展的主要动力,是社会可持续发展能力的核心因素。经过将近40年的改革开放,中国的经济发展取得了举世瞩目的成就,但值得高度重视的是,中国的国家发展也开始进入"中等收入陷阱"的关键阶段。与此同时,当前世界经济发展形势复杂,各个国家均面临空前严峻的挑战,国家的核心竞争力越来越集中体现在高端人才的竞争上。可见,创新创业教育对我国意义重大,因此受到政府以及全社会空前的重视。

(一)创新创业型人才的培养是国家发展的战略需要和重要支撑

创新创业型人才是支撑中国经济可持续发展的重要力量。2006年党中央国务院发出了"坚持走中国特色的自主创新道路,建设创新型国家"的号召,呼吁全社会积极推动创新型经济的建设。2014年9月,李克强总理在夏季达沃斯论坛上发出"大众创业,万众创新"的号召。2015年国办发〔2015〕36号文再次明确提出全面深化高等学校创新创业教育改革的要求。2017年,党的十九大报告做出了"贯彻新发展理念,建设现代化经济体系"的重大部署,提出加强国家创新体系建设,强化战略科技力量,深化科技体制改革,建立以企业为主体、市场为导向、产学研深度融合的技术创新体系,加强对中小企业创新的支持,促进科技成果转化的要求,强调实施创新驱动发展战略的重要意义,吹响了加快建设创新型国家的号角。因此,大力开展创新创业教育也成为国家发展的战略需要和重要支撑。

(二)创新创业型人才的培养是教育改革的重要内容和必然趋势

创新驱动的国家发展战略与"大众创业,万众创新"目标的实现需要大量的创新创业型人才。而高校作为科技创新最重要的平台之一和高层次人才培养的主要载体,不仅是创新创业系统建设不可或缺的主要载体,还是有效推动创新创业型人才培养的重要力量。伴随国家"创新驱动"发展战略的实施,创新创业教育已上升为我国的重大发展战略实施的重要组成部分。2001年教育部印发《全国教育事业第十个五年计划》的通知(教发〔2001〕33号),明确提出"培养大量具有创新精神和实践能力的人才"的目标。因此,高校开展创新创业教育既是我国高校教育改革的重要内容,又是我国高等教育纵深发展的必然趋势。

表1-1所示为2013—2015年各年度大学生创新创业政策文件发布情况。表1-2所示为2013—2015年各部委发布大学生创新创业政策文件数量统计结果。

表1-1 2013—2015年各年度大学生创新创业政策文件发布情况

文件发布年度	中共中央国务院文件	各部委文件	文件总数
2013年	8	30	38
2014年	11	76	87
2015年	24	99	123

表1-2 2013—2015年各部委发布大学生创新创业政策文件数量统计(按发起部门统计)

牵头部门	发布文件数	占总文件数比例/%
财政部	39	19.02
国家工商总局	26	12.68
国家税务总局	20	9.76
工业和信息化部	15	7.31
中国证监会	14	6.83
人力资源和社会保障部	12	5.85
农业部	12	5.85
国家发展改革委	10	4.88
科技部	10	4.88
中国保监会	9	4.39
中国人民银行	8	3.9
中国银监会	7	3.41
商务部	7	3.41

续表

牵头部门	发布文件数	占总文件数比例/%
教育部	6	2.93
文化部	2	0.98
审计署	2	0.98
共青团中央	2	0.98
中国科协	2	0.98
国土资源部	1	0.49
国家知识产权局	1	0.49

因此，我们认为高校创新创业教育的目标，是为国家和社会的长远发展培养大量的专业基础扎实、创新创业意识突出，同时具有良好综合素质和较强创新创业能力的未来创业者。

四、大学创新创业教育的定位

与第一代、第二代创业者相比，如今的创业者已无法借助人口红利和信息不对称的优势，而只能高度依赖于在独特的创意、先进的技术、创新的人才等方面所形成的企业核心竞争力。而知识、技术、人才、资金是创新和创业的核心要素。高校在科学研究、人才培养方面具有突出的优势，通过有针对性地开展创新创业教育，可以为社会和经济的发展提供高水平的人力资源以应对知识经济和全球一体化的挑战，提升高等教育的质量及多元取向，促进学生最大化的发展。因此，高校的创新创业教育应重点围绕大学生在这些方面所具备的独特优势，即以文化创意型创业和科技转化型创业作为主要培养目标，并在此基础上进行教育内容的设计。

创新创业教育有别于传统的专业教育，是一种全新的教育理念，是一种高层次、跨学科、系统化的大学生综合素质教育。创新创业教育更加注重思维的发散、资源的整合和能力的内化，因此不仅需要高校、政府、企事业单位等多元主体的参与，而且教育的内容需从意识、知识、素质、能力等多个维度进行设计。环境支持包括政策、资金、渠道、平台、氛围等多个要素的供给，教育的过程涵盖意识的激发、知识的传授、团队的培育、项目的孵化等全过程。

因此，我们认为高校创新创业教育的定位，应立足高校自身的办学定位，围绕学生创新精神、创业意识、创新创业素质和创新创业能力的主要培养目标来整体设计，并设法对接政府、社会的创新创业资源以共同提升大学生的双创意识、双创素质与双创能力，为其未来创新、创造甚至创业奠定基础。

第三节 大学生创新创业项目培育的意义与作用

《国家中长期教育改革和发展规划纲要（2010—2020年）》的5年实施情况总体评估报告显示：截至2015年7月，全国大学生创业及参与创业42.3万人，同比增加6.8%，成为大众创业、万众创新的生力军。但与如火如荼的创业热潮相比，全国大学生的创业成功率始终徘徊在3%左右。可见，创新创业成功与否，不仅与市场、资金、资源等外部环境有关，还与创新创业者个人的素质和能力有着重要的关联。大学生创新创业素质和创新创业能力的积累不足正是当前大学生创业失败的主要原因之一。

创新创业教育与传统的专业教育不同，是具有极强实践性质的教育教学过程。教育对象知识与技能的建构生成过程，是创新创业教育的关键。因此，创新创业教育的过程应以学习情境的建构为重要基础，即创新创业教育在开展的过程当中应尽量为受教育者的创意、创新和创造选取和创造适合的、全方位的、沉浸式的应用场景，让受教育者持续、反复地感受、体验和演绎各种商业情境的真实环境和过程。通过这种训练的过程，可以有效地降低受教育者对陌生情境的焦虑感，逐渐习惯和适应类似的外部环境变化并做出适当的应激反应，再进一步发展到即使面对未知和变化也能沉着应对，从而完成个人基础素质和综合能力的内化生成过程，为日后面对和驾驭真实的市场环境奠定十分重要的基础。

因此，创新创业项目的培育是整个创新创业教育中的不可或缺的重要环节。

大学生创新创业项目培育的过程可以视为创新创业者的试错过程，需要外部环境的包容，需要遵循规律。从创新创业实践到创新创业项目的孵化，全程需要教育者和受教育者密切配合，精心地组织和循序渐进地开展。

第二章　大学生创新创业扶持政策的发展

第一节　国外创新创业扶持政策的发展

在美国,大学生创业扶持政策主要由美国小企业管理局制定。虽然政府在政策方面依然扮演重要的角色,但是角色的重点在于引导。管理局出台法律政策,引导风险投资,促进大学生创业企业生存与发展,同时调控银行对大学生投资或放贷。政府引导的主要原则是"让利于民",将企业收益最大限度地留给大学生创业企业,留给大学生本身。

1999年,英国政府成立了"科学创业挑战基金",主要为大学生以及创业中心提供创业技能,同时提供数额巨大的资金补助。截至目前,该基金已提供了超过千万英镑的资金用于鼓励大学生创业以及创业中心开办创业培训。2004年,在英国教育与技能部的支持下,英国高等教育学会启动了"创业技能矩阵"项目,该项目的主要目的是建立良好的社会创业氛围,在大学生中宣扬创业精神,以鼓励大学生自主创业。

在德国,德国政府通过开展"EXIST"创业计划,对大学生进行支持。德国政府建立"EXIST"计划的目的是改善德国社会与大学内的创业氛围,在大学生心中提前植入企业文化的概念,使校园环境与社会接轨,更加趋于向社会开放,借此提高大学生的创业欲望,鼓励大学生的创业活动。与其他国家的政策不同,"EXIST"计划侧重于支持大学生早期的创业想法。德国政府对该"EXIST"计划投入巨大,年内总计4200万马克。巨大的资金投入基本覆盖到德国境内的所有大学。

韩国属于亚洲发达国家之一,在地域上也离我国较近。韩国的创业政策体系主要有三大特点。

1. 完善的中小企业法律体系

在世界范围内,韩国的创业政策法规是较为完善的。在几十年的发展完善下,形成了《中小企业创业支援法》《中小企业基本法》《中小企业振兴法》等一系列基本法律法规。大学生创业可通过这些法规取得相应的政策扶持,获得一定的优惠。

2. 创业扶持体系由政府主导

韩国政府在创业扶持体系中起决定性作用。在韩国政府形成创业扶持体系过程中,有三点成功经验是值得我国借鉴参考的。第一,建立专门部门。韩国政府建立了中小企业厅这个部门,主要负责推动建设创业扶持体系,其中就包括建设大学生创业扶持体系。第二,大力扶持创业支援组织。韩国政府对创业组织进行资金扶持,通过创业组织来帮助指导大学生创业。第三,重视高校的作用。在韩国政府的帮助下,成立了全国范围内"全国大学生创业同友会",在每个高校都有分会,目的是组织大学生学习创业知识,分享创业经验,帮助大学生认识创业政策的作用。

3. 培养大学生的创新精神

在韩国,素质教育主要以学生为中心,注重培养大学生的创新精神,学校重视教育的多样化,同时灌输给大学生"创业光荣"的理念。韩国大学生创业兴起于1998年,在政府的大力支持和倡导下,韩国大学生的创业热情迅速高涨,到2002年,韩国高校应届毕业生准备创业的大学生比例为52.4%,这一比例居世界首位。而这一成果不仅与创业政策扶持有关,更重要的是韩国的素质创新教育开发了大学生的主观能动性,深刻地影响着大学生的创业意向。

日本政府也积极推动创业。2003年,日本政府颁布鼓励创业的《最低资本金规制特例》,并多次修改新公司法,特别是针对公司创立的相关法律做出调整以促进大学生创业。同时,日本政府非常注重创业教育,从小对学生进行培养,因材施教,在不同的教育阶段实行不同程度的创业教育。在中小学阶段,以开发学生思想为主,日本文部科学省改革课程,在课余时间内开设"创业发明大王""商店街活动"等活动,激发中小学生创新与动手能力,为学生提供开展模拟创业的平台。在大学阶段,随着学生思想与认识的成熟,开始设置深层次和理论性的创业教育课程,使大学生对创业理解更加深刻。日本政府通过在不同阶段以不同的方式对学生进行创业教育,促使大学生创业意识、创业理论与创业技能的良好结合。循序渐进的创业教育方式为大学生成功创业奠定了良好的基础。

第二节 我国创新创业扶持政策的发展

（一）大学生创业教育政策

我国大学生创业教育政策始于20世纪末。以清华大学举办创业大赛为标志，全国高校有关创业教育活动开始兴起。1999年国务院下发的《面向21世纪教育振兴行动计划》是颁布政策性文件的标志，文件中强调高等教育要跟进国际学术发展的前沿，成为培养创新型国家的基地。2012年教育部下发《关于做好"本科教学工程"国家级大学生创新创业训练计划实施工作的通知》（教高函〔2012〕5号），设立专项经费扶持大学生创新能力和创业能力的提升。2015年国务院下发的《关于深化高等学校创新创业教育改革的实施意见》指出"2020年建立健全课堂教学、自主学习、结合实践、指导帮扶融为一体的高校创新创业教育体系"。时至今日，创业教育课程成为大学的必修课程。创业教育在探索中不断前进，也取得了巨大的成效。

1. 开设创业教育课程

关于创业课程建设，2012年教育部《关于全面提高高等教育质量的若干意见》（教高〔2012〕4号）指出"要将创新创业教育根植于整个教育过程，完善创新创业课程，将创新课程纳入到学分管理"。2015年《关于深化高等学校创新创业教育改革的实施意见》中强调"面向全体学生开设研究方法、学科前沿、创业基础、就业创业指导等方面的课程，建设从基础教育开始依次递进、科学合理的创新创业教育专门课程群"。到目前为止，创业教育课程已经纳入大学教育的必修课程，规定36个学时，2学分。有些高校已经设立创新创业学院，专门输出创新型人才。

2. 开展创业实践活动

"挑战杯"中国大学生创业计划竞赛自1999年举办至今。比赛不仅能够引导和激励学生刻苦钻研，更能增强学生的创新创业意识。在比赛中脱颖而出的作品还可以获得资金奖励及风险投资，让好的想法转化为现实。此外还有教育部、科技部主办的"春晖杯"。这些创业大赛涉及高科技农业、生物医药、新能源等多个领域。2011年,教育部《关于做好2012年全国普通高等学校毕业生就业工作的通知》中要求全国各地的高校都要积极开展创业活动,为大学生提供模拟实践平台。中国科协与广东省政府承办的"科交会"杯创新创业大赛的成功举办是最典型的例子。创业大赛不仅可以激励大学生的创新创业潜能,给予他们一个充分展示自我的平台,而且可以调动学生的创业激情。2015年《关于深化高等学校创新创业教育改革的实施意见》还提出,"把国家级大学生创新创业训练计划项目纳入相关考核指标体系"。创业大赛作为有效的创业实践活动,受到国家和地方政府的高度关注。

3.加强创业教师队伍建设

每年由教育部主办的"全国高校创业教育骨干教师高级研修班"通过学习、交流的形式借鉴国外创业教育的经验,改革创业教育课程的内容和教学方法,进而提高教师创业教育教学与指导学生创新创业实践的水平。从该研修班进修的骨干教师已经有几千名进入全国各大高校。2015年国务院下发的《关于深化高等学校创新创业教育改革的实施意见》中强调,要建立创新创业教育和就业指导的专职教师队伍,聘请知名科学家、创业成功人士、企业家以及风险投资人来担任指导教师。可以看出国家在不断地加强和完善创新创业教师队伍建设,强大的创新创业教师队伍是培养创新型人才的有力保障。

4.创设大学生创业实践平台

2001年,我国最早的一批创业实践平台"国家大学科技园"在清华大学、北京大学、东北大学等高校建立。这些高校的创业实践平台为培养知识型创新人才和推动创新型国家的建立奠定了坚实的基础。截至2014年,有100个"高校学生科技创业实习基地"建立,遍布全国各地。为推动本地区创新创业教育的发展,省教育部门结合自身的发展实际建立了大学生创业孵化基地,对有潜力的创业项目进行引导和帮助,例如腾讯的众创空间。创业孵化示范基地分为综合服务区和孵化区,辅助创业的同时能够孵化出一定规模的企业并为大学生创业就业提供政策咨询、小额担保贷款、培训等服务,大大减小了创业的风险。截至2016年,我国大学科技园有115个,科技企业孵化器1600多家,遍布全国各地。

(二) 大学生创业金融政策

大学生创业初期最大的障碍就是资金问题。据 2015 年麦克斯研究院调查的结果,显示 2015 届大学毕业生创业资金 78% 来源于父母、亲友投资或借贷,来自政府资助只占 4%,来自商业投资占 3%。调查结果分析中还表示大学生自主创业的主要风险中有 28% 源于缺少资金。

1. 税收优惠类政策

2006 年,财政部下发的文件中明确规定,符合条件进行创业的大学毕业生可以在 3 年内免交相关税费,例如登记类、管理类和证照类等的收费。2010 年国家税务总局下发的《关于支持和促进就业有关税收政策的通知》中规定,毕业大学生凭借人社部核发的《就业创业证》进行自主创业的,3 年内每年每户最多可以扣减包括营业税、城建税、教育费附加等在内的税费 9600 元。根据从事行业的不同大学生创业还可以不同程度地享受免征所得税。例如技术服务业、咨询业、信息业的企业可以 2 年内免征所得税,新办从事公用事业、教育文化事业、餐饮业等的可以免征企业所得税 1 年。

2. 创业贷款类政策

2015 年国务院下发文件《关于深化高等学校创新创业教育改革的实施意见》中指出,对于符合自主创业条件的大学生,可以在创业当地申请额度为 10 万元的担保贷款。大学生创业者申请的创业贷款基金最长贷款期限可以延长到 2 年,到期需要延长的可以申请延长一次。政府鼓励金融机构在对大学生创办企业进行信誉评估的情况下为大学生发放创业担保贷款,由财政给予贴息,并且要简化大学生申办创业资金的程序,加快其开户和结算效率。

3. 注册资金优惠政策

为解决大学生创业启动资金难的问题,2010 年由政府出台的《关于实施 2010 高校毕业生就业推进行动大力促进高校毕业生就业的通知》中要求"对高校毕业生创办企业合理规定注册资金,可按照行业特点允许注册资金分期到位"。毕业 2 年以内的大学生在工商部门取得营业执照进行创业,注册资金可以分期到位。如注册资本低于 50 万元的,注册资本首次交付不得少于 10%,1 年内追加到 50% 以上,其余资本可在公司成立 3 年内到位。

(三) 大学生创业培训政策

2008 年国务院《关于促进以创业带动就业工作指导意见的通知》中明确提

出加强对大学生创业培训力度。将有培训需求和创业愿望的大学生纳入创业培训的行列,严格把控培训标准,创新培训方式以提高创业培训质量,要针对创业前、创业初期和创业中期等不同时间段进行培训。为了鼓励大学生参加创业培训,降低创业风险,对于通过创业培训且得到创业培训合格证的大学生,在创业时可根据创业情况给予补贴。2014年人社部《关于实施大学生创业引领计划的通知》指出"优先安排培训资源,切实抓好组织实施,使每一个有创业愿望和培训需求的大学生都有机会获得创业培训"。2016年《关于进一步做好普通高等学校毕业生就业工作的通知》中要求在对创业大学生进行培训的同时还要加强对创业指导教师的培训。创业指导教师的专业程度直接影响着大学生创业教育的水平。各地方对在毕业年度内参加创业培训并进行创业的毕业生可根据实际情况给予补贴。

(四)大学生创业服务政策

在2011年下发的《关于进一步做好普通高等学校毕业生就业工作的通知》中明确指出,结合毕业生的实际情况,有关部门将为创业大学生提供政策咨询、开业指导、融资服务等创业相关的"一条龙"服务项目。自主创业的高校毕业生可享受各地各高校对自主创业学生实行的全程指导服务,地方、高校两级信息服务平台为创业大学生提供国家政策、市场动向等信息,以及创业项目对接、知识产权交易等创业信息。创业大学生还可享受因地制宜建设的大学生创业孵化基地和相关培训、指导服务等扶持政策。一方面为大学生创业奠定基础,另一方面充分发挥各类创业孵化基地的作用。2014年人力资源和社会保障部《关于实施大学生创业引领计划的通知》要求政府部门实施工商登记制度改革,落实注册资本认缴登记制,优化工商登记的业务流程,缩短大学生创业的注册时间;并且全面推行电子营业执照和全程电子化登记,实现工商登记的"绿色通道",为创业大学生办理营业执照提供一站式服务。

第三节　地方创新创业扶持政策的发展

我国国内各地的创业扶持政策大同小异,基本都是从贷款额度、手续流程等方面给予优惠,但个别发达地区成功借鉴了国外案例,出台了一些与地方情况相适应的政策,实践性较强。

浙江省大学生创业扶持政策的主要特点是,创造社会良好创业氛围,以开展创业培训、比赛以及表彰大会等方式对创业者进行鼓励支持,营造良好的社会环境,鼓励支持大学生自主创业。

广东省是我国改革开放的综合试验区,经济稳居全国第一。相比于浙江以优化社会创业环境为重点,广东重点优化高校创业环境。由于地理位置比邻香港澳门,广东省政府在本省举办各种创业大赛的同时,联合香港澳门高校一同举办创业竞赛,促进两岸大学生的创业交流。广东省大学生创业扶持政策的显著特点是,政府以举办创业大赛、设立创业基金为重点,为大赛获奖者提供相当大一部分的创业基金作为创业者的启动资金,加速大学生创业者的创业进程。

上海是我国的金融中心,创业环境良好。金融地位居全国首位,且名校众多。各大名校都建有与自身相关的大学科技园,并与上海徐家汇青年创业中心、青浦工业园、张江高科、紫竹科学园等创业园区联系紧密,互有合作。政府、高校、社会三方紧密联合,相互影响,以大学科技园为基础,共同建设大学生创业孵化基地。

上海市政府每年给创业基金拨款千万,并委派上海市科技投资公司进行管理,给大学生创业最大限度的资金支持。2006年,上海市政府出台了《2006年非上海生源高校毕业生就业进沪评分办法》,规定自主创业的大学毕业生可获一定分值的加分,可帮助非上海户口大学生落户上海。同时,大学生创业还可以享受上海政府的免费政策培训、风险评估、无偿贷款与部分减税,其中贷款额度最高为7万元。因此上海市大学生创业扶持政策的显著特点是,坚持以政府为主导,以创业基金和孵化基地为平台,由高校协助运作,扶持大学生进行高科技创业。这在我国是一条高端创业路线。

这些年广西在高新创业业务方面非常重视,就高新创业业务制订了很多的政府支持方案,例如高校毕业生创业能够优先贷款、政府部门办事的手续费减免,在税收方面也做了很多的优惠调整。支持高校毕业生自主创业可以解决他们的就业问题,同时也发挥了高校毕业生的优良素质,使他们的能力得以发挥。广西政府希望能够创建高新创业的良好氛围,为人们提供更多的就业机会,促进经济增长。具体扶持政策如下。

政府为大学生组织了创业知识的讲座,并且还为想要自主创业的大学生提供了培训费的补助。如果没有资金实现创业理想,还能够申请10万元以内的贷款,同时政府部门为大学生提供利息补贴。而家境不富裕或残疾的学生可以申请创业补助金。

大学生自主创业在交税的时候也有一定的减免;在进行执照申请等程序的时候不用支付办事手续费,在创业基地的企业还有水电费补贴、社会福利补贴、创业初期补贴、贷款利息补贴等相关优惠政策。为进一步简化大学生创业流程,管理部门已取消《大学生自主创业证》。根据最新规定,经人社部门核发《就业创业证》(注明"毕业年度内自主创业税收政策")的高校毕业生在毕业年度内(指毕业所在自然年,即1月1日至12月31日)创办个体工商户、个人独资企业的,3年内按每户每年9600元为限额依次扣减其当年实际应缴纳的营业税、城市维护建设税、教育费附加、地方教育附加和个人所得税。对高校毕业生创办的小型微利企业,按国家规定享受相关税收支持政策。

符合条件的高校毕业生自主创业的,可在创业地按规定申请创业担保贷款,贷款额度统一调整至10万元。鼓励金融机构参照贷款基础利率,结合风险分担情况,合理确定贷款利率水平,对个人发放的创业担保贷款,相对贷款基础利率上浮3个百分点以内的,由财政给予贴息。

毕业2年以内的普通高校毕业生从事个体经营的(除国家限制的行业外),自其在工商部门首次注册登记之日起3年内,免收管理类、登记类和证照类等有关行政事业性收费。对高校毕业生在毕业学年(即从毕业前一年7月1日起的12个月)内参加创业培训的,根据其获得的创业培训合格证书或就业、创业情况,按规定给予培训补贴。

针对有相关意向的在校学生,可以对其学制进行灵活处理,可以通过保留学籍、调整课程等方式为其提供创业实践的机会,而其具体的实践活动可以按照一定的程序审核之后计入学分计算。在毕业当年,毕业生在校这一期间,如若从事创业活动可以享受税收上的优惠,具体操作可以凭学生证申领《就业创业证》,也可委托校方的专门机构代为申领。毕业年度内高校毕业生离校后从事个体经营享受税收优惠政策的,可直接向公共就业服务机构按规定申领《就业创业证》。相关机构会在证件上做出关于税收优惠政策的标注。

毕业生创业或进入小微企业工作的,档案可以交由市、县人才机构保管,免收费用,相关服务机构应当做好配套服务,包括毕业报到和接收、工龄审核、工资变动、职称认定等。在办理档案转递手续时,转正定级表、调整改派手续不再作为接收审核档案的必备材料,不再对毕业生产生限制。

开办微型企业的就业创业人员,凡符合《广西小额担保贷款实施管理办法》规定的,在符合规定审核程序的前提下均可享受贷款贴息优惠政策。微型企业创业小额担保贷款用于生产经营所需的流动资金,贷款额度参照《广西小额担保贷款实施管理办法》有关规定执行,贷款期限不超过2年,贷款利率可在中国人民银行公布的同期同档贷款基准利率基础上适当上浮,但最高不超过3个百分点。对尚未建立担保机构的县域,可选择积极参与扶持计划、愿意提供小额担保贷款的银行业金融机构,将相应的担保基金专户存储,银行业金融机构按照担保基金与贷款余额1∶5的比例向微型企业发放小额担保贷款。

毕业2年内在网络平台开展创业活动的高校毕业生,符合以下条件可申请小额担保贷款:① 在网络平台从事实物或虚拟商品交易活动,持续正常经营半年以上,无违法违规交易行为,且累计交易额不低于1万元;② 网络平台为经国家商务部或广西壮族自治区商务厅公布的电子商务示范企业所设立的电子商务平台。

符合条件的高校毕业生可向社区、工会、共青团、妇联、公共就业人才服务机构提出贷款申请。最高贷款额度不超过10万元。贷款申请材料包括:毕业证书、合法有效的身份证明、户口簿、贷款申请书、贷款抵押担保意向和还款计划、合法有效的"网店"经营状况证明等。

第三章 大学生创新创业项目培育的基础

第一节 创新创业意识的激发与培养

一、培养大学生创新创业意识的目的

意识是行为的前提和基础。没有创新创业意识,就不可能产生创新创业的需求,更不能成功创新或创业。郭凤志认为"创新创业意识是人们对创新创业的价值重要性的认识水平以及由此形成的对待创新创业的态度,并以这种态度来规范和调整自己的活动的一种稳定的心理态势"。创新创业的意识养成是创新创业的观念前提,在创新创业活动中起着动力作用,所以它是创新创业活动的起点。创新创业意识具有层次性,可分为创新创业动机、兴趣、理想信念及价值观等多个层次,其中动机的激发是首要的着力点,兴趣的培养是核心,价值观是最终目标。因此,培养大学生创新创业意识的目的在于激发潜在创新创业者向往和追求价值创造的内在驱动力。大学生创新创业机理模型图如图 3-1 所示。

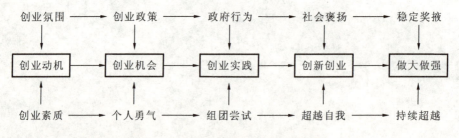

图 3-1 大学生创新创业机理模型图

二、培养大学生创新创业意识的意义

1. 可以促进大学生具备勇于创新创造的企业家精神

每个人选择和实现人生目标的形式各不相同,追求财务自由、实现自我价值、提高家庭生活质量,是大多数创业者的创业动机。数据调查显示,37.8%的大学生创业是为了实现财富梦想。因此培养大学生的创新创业意识,可以培养大学生勇于创新、敢于挑战的企业家精神。无论将来是创业还是就业,企业家精神都将极大促进大学生确立实现自我价值、改善生存质量的人生目标,并以此为动力合理进行人生规划和全面发展。

2. 可以促进大学生形成善于创新创业的社会竞争力

大学生作为朝气蓬勃的年轻群体,接受过良好的基础教育,正在接受高等教育,是最具潜力的创新创业者。相对于其他未受过高等教育的劳动力群体,大学生的社会竞争力不仅可以是更多的知识与技能的积累,还可以是突出的创新创业能力。因此,培养大学生的创新创业意识不仅可以激发和提升大学生的创业热情,而且可以促进大学生综合素质和综合能力的提升,从而为提升大学生群体的社会竞争力打下扎实基础。数据调查显示,超过90%的大学生认为开设类似"创业基础"的课程很有必要,其中54.3%的大学生认为这对提升自己的综合素质有帮助。

3. 可以促进大学生形成主动适应变化的就业创业观

伴随着高校毕业人数的逐年攀升,就业人口激增,近年来高校毕业生就业率和就业质量均呈现下降趋势。从2016年中央机关及其直属机构公务员招录来看,考试竞争比例为50∶1,竞争比最高职位的竞争比高达2847∶1。日益严峻的大学生就业形势,迫使部分大学毕业生采取"先就业、再择业、后创业"的模式,最终选择了自主创业,但仍属于"被动创业",因此多以自我雇佣的"生存型创业"为主。数据调查显示,35%的大学生创业是由于就业压力所迫。培养大学生的创新创业意识,一方面可以促进大学生不断提升自我的社会竞争力,另一方面也推动了一部分不满足于勉强就业的大学生为未来走上创业之路提早进行规划和准备,从而促进大学生形成主动适应变化的就业创业观,避免低层次就业或创业。

三、培养大学生创新创业意识的障碍

创新创业意识是决定创新创业行为的重要前提,同时也是影响创新创业教育效果的重要因素。高校如果面临基础薄弱、资源有限的困境,会直接导致教育投入不足等问题;教育的主体——教师如果教育信念不足,会导致工作积极性不高的问题;而教育的客体——大学生如果缺少专业化的训练指导和切实有效的扶持,容易产生基础素质和基础能力偏弱、自信心不足等问题,从而削弱参与的积极性。可见,创新创业意识的培养受到创新创业教育的主体、客体以及内外部环境的共同影响。因此,创新创业意识的培养不仅需要高校、教师和学生三个层面的协同参与,而且需要共同克服观念性、资源性、制度性等方面的多重障碍,只有这样才能使大学生的创新创业意识得到切实提升。大学生创新创业意识培养的障碍关联图如图 3-2 所示。

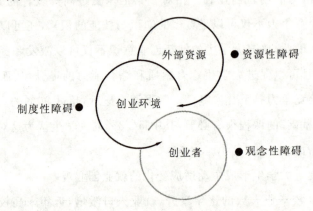

图 3-2　大学生创新创业意识培养的障碍关联图

1.观念性障碍

"求稳思想"是创新创业教育遇到的最大的一种观念性障碍。学生由于长期受家庭和社会根深蒂固的传统就业观念的影响,认为毕业以后能够进入政府当公务员,或者进入大型的事业单位,从此就得到保障一生的"铁饭碗",而创业正好相反,生活缺乏安全保障,因此创业与自己根本无关。"畏难情绪"是创新创业教育遇到的又一种观念障碍。尤其是在欠发达地区,因为学生的经济基础薄弱,缺少必要的可利用的创业资源,加上创业本身风险极高,因此畏难情绪蔓延。另外,官本位思想也是创新创业教育遇到的一种观念障碍。上大学的目的是有朝一日成为"领导",这在很多大学生中普遍存在,甚至他们的家庭、学校也对其抱有同样的期待,尤其是学习成绩较好的学生,认为创新创业离自己很远,学来无用。诸此种种,对开展创新创业意识的培养造成极大的阻碍。

2. 资源性障碍

我国幅员辽阔,各地的经济发展水平差异巨大,特别是在欠发达地区,受历史问题、地理位置、自然资源等多方面条件的限制,市场经济不活跃、创业氛围不浓,开展创新创业教育通常面临软硬件设施不足、师资条件有限、学生缺乏创业热情等多方面的困难。创新创业教育离不开友好的创业环境、良好的创业条件和一定的政策扶持。因此,资源的限制是造成目前欠发达地区创新创业教育推进困难的最主要的原因。

3. 制度性障碍

尽管国家大力鼓励创新与创业,但在欠发达地区由于资源的限制,各级主管部门以及高校对开展创新创业教育难免容易出现"重政策、轻指导"的情况。在制度上,扶持政策不到位、人为地为扶持政策设置过高门槛、以经费有限为由减少对创新创业教育的投入等问题在欠发达地区的创新创业人才培养过程中较为普遍。因此,各级主管部门若持消极观望的态度,将直接影响到对创新创业教育的投入和人才培养的所有环节,从而造成创新创业教育发展动力不足。

四、培养大学生创新创业意识的途径

高校从学生入校开始就可以开展创新创业意识的激发和培养,可以通过创新课程教学的模式和构建灵活多样的创业教育课程群等措施,同时开拓资源渠道,大力引进校外师资,整合利用校外资源共同参与到课堂教学、创新创业实践、项目孵化等各个人才培养的环节。

由于创新创业环境对创新创业教育会产生重要的影响,高校需要做好顶层设计,整体规划,协同推进。大学生创新创业环境体系通常包括政府政策环境、高校环境、社会环境三个维度。大学生创新创业不仅受到财政政策、金融政策和文化政策方面的影响,同时也受到家庭支持度和社会舆论氛围等因素的影响。因此高校不仅需要为大学生创新创业做好平台建设,整合人才、技术、平台等内部资源,还需要统筹协调政府和企事业单位的政策、资金、渠道等外部资源提供方进行积极参与,共同激发和培养大学生的创新创业意识。

大学生创新创业环境体系如图3-3所示。

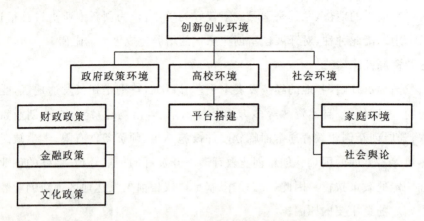

图3-3　大学生创新创业环境体系

此外,通过做好以下几方面的工作,可以提高大学生创新创业意识培养的实质效果。

(1) 转变被动教育的传统观念,结合学生需求,在全面普及创业知识的基础上,将创新的理念与创业的意识贯穿到课堂和实践环节中,有意识地对大学生进行包括创业信念、创业知识、创新能力、创业能力等方面的引导和培养,积极引导学生从"被教育""被创业"的被动状态走出来,让创业成为大学生的自发需求。

(2) 将创新创业教育与传统的专业学习有机融合,充分发挥科技创业的独特优势,将科技创新的理念和技术渗透进创新创业教育中,实施更为宽松的学习、实践以及评价制度,通过建立鼓励创新的评价标准和体系,不断激励具有创造性特征的活动和成果。

(3) 充分利用指导教师承担的科研课题,引导学生广泛参与;结合大学生创新创业实验计划、"挑战杯"等各类创业计划大赛、网络模拟创业竞赛等活动,鼓励学生大量参与科技创新活动,使学生在参与课题研究、项目研发的过程中不断激发创造灵感,提高创造力,让学生在参与学习和实践的过程中培养自身的创新创业意识、提升创新创业情智水平,为将来创业奠定坚实基础。

(4) 加强与学生家长的沟通与联系,争取得到家长的认同和配合,共同增强大学生的创新创业信念、培养大学生创新创业意识和综合能力,促进大学生全面发展,为大学生未来创业或就业奠定良好基础。

第二节 潜在创新创业者的识别和筛选

不是每个人都能够创新,不是每个人都适合创业。创新创业教育的目的不是把每一个大学生都培养为成功的创新创业者,而是从中遴选出潜在创业者再进行后续有针对性的培养,从而达到提高其创业成功率的目的。创新创业教育在意识培养的阶段可以采取宣传普及的形式,但是进入创新创业项目培育的阶段后,教育对象只能是潜在的创新创业者。因此,创新创业项目的培育首先需要识别和挑选潜在的创业者。

一、识别和筛选潜在创新创业者的作用

判断个体是否有可能成为未来的企业家在项目培育中不容忽视,将直接影响创新创业教育投入的实质效果。只有将潜在的创新创业者与创业导师之间、将潜在的创新创业者现有的资源和不足与外部环境供给之间进行最为精准的匹配,创新创业教育才能更快、更好地发挥其人才培养的功能。

潜在的创新创业者是指那些已表现出较为明显的行为趋势,但因资金、资源、渠道、个人的知识能力积累等方面条件还不够成熟尚未真正进行创新创业的群体。

二、潜在创新创业者的识别

创新创业者需要具备很多基础素质,如创业意识、冒险精神、创新意识、敬业精神、自控能力、管理意识、竞争意识和应变能力等,通常还具有比较突出的人格魅力。在国外,1999 年由英国伦敦商学院和美国百森商学院共同发起成立了 GEM(全球创业观察)项目,旨在研究全球创业活动态势和变化。Gideon D. Markman 和 Robert A. Baron 在借鉴个人-组织适合理论的研究成果的基础上提出了独特的个人-创业适合度模型,指出创业者的个性特征与成为创业者的要求越匹配,创业成功的可能性越大。该模型通过对创业者各种明显差异特征的分析,指出自我感知能力、识别机会的能力、坚定不移的意志、丰富的人力和社会资本、出众的社会技能是影响创业者的关键因素,也是个人-创业适合度模型分析的主要内容。该模型框架为创业者努力寻找创业机会和成功创业提供

了新的有价值的方法。遴选潜在的创新创业者主要是结合个体的个性特质、价值追求、思维方式、生存状况等方面来综合判断。最直观的方法可以从以下不同角度来判断一个人是否会成为未来的创新创业者：

(1) 对创富拥有浓厚的兴趣；
(2) 喜欢挑战，不安于现状；
(3) 有主见；
(4) 自信；
(5) 拥有良好的人际关系；
(6) 交际圈较广；
(7) 好奇心较强；
(8) 有一定的创新意识。

三、潜在创新创业者的筛选

在创新创业项目中，教师可以通过组织一些参与式的、互动式的活动，也可以通过组织一些小型的、以团队为单位的创新创业实践，或者组织一些以创新创业为主题的创业计划竞赛、路演模拟等，让学生有机会表达自己对于创新和创业的想法和看法，并在这些活动中多方位观察和了解学生，以达到识别和挑选潜在创新创业者的目的，从而为后续开展更有针对性的创新创业教育以及创新创业项目培育奠定基础。

1. 网络模拟创业软件的学习与利用

当前市面上开发和使用的网络模拟创业的相关软件和网络平台有不少，有条件的高校可以考虑为大学生提供使用，从中可以选拔出一些创新创业基础素质较好的大学生进行进一步的培养，如全球模拟创业实训网、创业之星、ERP沙盘模拟、创业实战模拟平台系统等网络平台、软件的应用。条件不具备的高校可以鼓励大学生充分利用一些小型的网上创业游戏或网络模拟创业资源平台的限时免费开放资源等。

2. 创新创业计划竞赛

组织各种创新创业计划竞赛是当前各高校最为普遍的选拔潜在创新创业者的途径。通过大学生自发地寻找创业项目并组建团队参赛，可以进一步遴选出创新创业基础素质较好的潜在创新创业者，也可以挖掘出一些质量较高的创业项目，同时也有利于鼓励创新创业的校园文化氛围的形成。

3.创业模拟实训

有的高校为大学生提供多种创业孵化平台,鼓励大学生尝试一些小型的创业模拟实训,如创客厅、创业工作坊、创业一条街、大学创新创业园等。在校园内开展一些创业模拟实训,可以减少大学生创业的试错成本。

4.百元创业实践

有的高校通过课程内组织小型的创业实践活动来鼓励大学生初步体验创业的过程,如百元创业实践等。此类课程实践门槛低、投入成本低,适用于零基础的大学生创业意识的培养,同时也可以在一定程度上促进大学生的自我认知。

第三节 创业者的核心素质与能力的培养

一、创业者的核心素质与能力

创业者的核心素质与能力是指创业者身上应当具有的与众不同的人格特质与综合能力,它随着创业活动的深入而不断提高,进而逐步完善。创业者的综合素质和能力在一定程度上决定了创业企业的成败。

每个人的成长与其所处的社会环境、家庭、文化背景有很大关系。教育背景、成长经历和成长环境共同形成创业者的先验认知、知识结构、价值判断和思维方式等。成功的创业者具备一些共同的特质,而这些特质一部分是潜在创业者先天具备的,一部分是可以通过后天的训练逐渐养成的。因此,对潜在创业者的核心素质进行有针对性的培养,可以有效地提高其创业成功概率。创业企业家心理特征如图3-4所示。

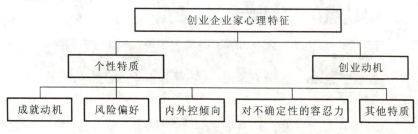

图3-4 创业企业家心理特征

二、创业者的核心素质与能力的培养

要想创业成功,一方面需要创业者主动地学习、提升和完善自我,另一方面也需要通过创新创业项目的培育过程,以各种方式、多种途径来提高潜在创业者的核心素质和能力。

(一)培养主动学习的习惯

能够主动学习是创业者非常重要的一项基础素质。每一位成功的创业者都是主动学习、善于学习的人。时代瞬息万变,商场竞争激烈异常,创业者只有与时俱进,及时掌握最新的变化趋势,才能把握市场变化的脉搏,做出正确的预判和决策。因此,创业者需要养成主动学习、全面学习和终身学习的良好习惯,如此才能密切掌握时代的发展趋势和市场动向。

以工业发展为例,工业作为国民经济的第一支柱,至今已经发生了四次革命,如图3-5所示。第一次工业革命是以蒸汽动力为代表的机械化革命,第二次工业革命是以大批量生产线为代表的电气革命,第三次工业革命是以计算机与自动化为代表的数字化革命,如今第四次工业革命以物联网为代表,属于信息物理系统(cyber-physical system)革命。综合计算、网络和物理环境的多维复杂系统,通过计算机、交际、控制技术的有机融合与深度协作,实现大型工程系统的实时感知、动态控制和信息服务。具体来说就是物理设备联网,让物理设备具有计算、通信、精确控制、远程协调和自治等五大功能。

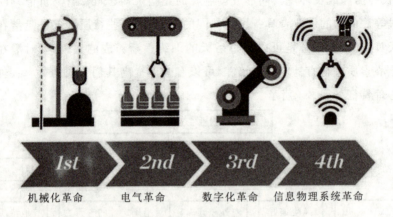

图3-5 近代工业发展演进历程

(二)培养创新的思维方式

人类社会每次质的飞跃,都不仅仅是物质或技术的催化,更重要的是思维工具的迭代。创新的想法、创新的技术、创新的商业模式等,能让创业者抢占先机,迅速占有市场,因此创新的思维方式是潜在创新创业者非常重要的一项"法宝"。无论是创新、创造,还是创业,个体的思维方式在很大程度上将影响一个人能否自发地寻求价值提升的途径,以及能否养成充分整合利用可用资源的行为习惯。

但是,创新的前提是基础的积累,创新思维的形成首先需要对既往以及当下影响巨大的一些知识、技术、模式、经验等进行了解和掌握。而互联网思维可以看成是当下一切商业思维的起点,电子商务的十大优势如图 3-6 所示。正如阿里巴巴集团创始人马云所说:"互联网不仅仅是一种技术,不仅仅是一种产业,更是一种思想,是一种价值观。互联网将是创造明天的外在动力。创造明天最重要的是改变思想,通过改变思想创造明天。"因此,在潜在创业者核心素质的培养过程中,首先需要加强"互联网+"等创新思维的训练与培养。

图 3-6 电子商务的十大优势

"互联网+"应用模式的部分案例如图 3-7 至图 3-9 所示。

图 3-7 "互联网＋餐饮"应用模式的部分案例

图 3-8 "互联网＋交通"应用模式的部分案例

图 3-9 "互联网＋房产"应用模式的部分案例

互联网九大思维如图 3-10 所示,详细介绍如下。

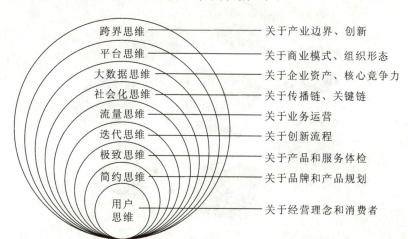

图 3-10　互联网九大思维

1. 用户思维

用户思维是指我们对消费者、对整个经营理念的理解,它贯穿企业经营的始终。用户思维绝对是最重要的思维,可以说其他思维都是用户思维在不同层面的体现。首先,"得用户者得天下",用户思维就是要兜售存在感、参与感,用户想要什么就给用户提供什么。其次,要用户有很好的参与感,比如按需定制,也称之为私人定制,即满足用户的个性化需求,或者让用户参与产品的优化过程,这个过程其实也是让用户参与品牌传播,即形成"粉丝经济"。"粉丝"是最优质的目标消费者,客户黏性大,对品牌的忠诚度高,一旦注入感情因素,有时即使是有缺陷的产品也会被接受。最后,打造极致的用户体验。过去的工业经济往往是厂商主导,用户体验很难及时反馈到产品的设计和生产中,更无法参与到产品的研发中。如今在"以用户为中心"的互联网时代,消费者的话语权日益增大,深刻影响企业各环节的决策。

用户运营是实现某种运营目的的一种与用户相关度最强的运营思维方式,进而在这种思维方式影响下做出可执行方案组合,如图 3-11 所示。用户思维是所有互联网思维的核心,商业价值一定要建立在用户价值之上。

2. 简约思维

简约思维是指对品牌和产品规划的理解。互联网时代,信息爆炸,用户的耐心越来越不足,所以,一定要尽可能以最快的速度去抓住用户,要简约呈现产

图 3-11 用户运营思维方式

品。这方面有两个法则:一是业务规划和品牌层面要专注;二是产品设计层面做到简约。简约就是将没有用的环节砍掉,这种简约是人性化的一种体现。品牌定位要专注,给消费者一个选择你的理由,一个就足够。大道至简,越简单的东西越容易传播、越难做。专注才有力量,才能做到极致。尤其在创业时期,做不到专注,就不可能生存下去。

3. 极致思维

在互联网时代,渠道成为基础设施,而不再是渠道为王。极致思维就是你要把产品和服务做到最好。极致的思维才可以打造出极致的产品。社会化传播媒介的便捷,使品牌的口碑成为影响营销的重要因素。形成极致思维要抓好三个要点:一是需求要抓得准(即紧抓市场的"痛点、痒点或兴奋点");二是一定要拼尽全力;三是管理一定要抓到位(特别是管理经理)。此外,在这个社会化媒体时代,好产品自然会形成口碑传播,服务即营销,因此要做好服务。只有超越用户预期,才能做到极致,做到极致才能占有市场。

4. 迭代思维

迭代思维是从互联网的产品开发、敏捷开发、精益创业理念衍生过来的,是一种以人为核心,迭代、循序渐进的开发方法,主要体现在产品与开发创新流程层面。创业要盈利,也要看长远,要允许有所不足,允许不断试错(当然要在一定的时间内、范围内和限度内),在持续迭代中不断完善产品,注重"微"和"快"。

"微"就是抓住小的用户需求进行"微创新",稳健前进。"微创新"可以从用户体验、用户需求出发,持续创新。同时,要做到快,只有快速地对消费者需求做出反应,产品才更容易贴近消费者。对传统企业而言,迭代思维要求我们必须及时关注消费者需求动态,把握需求变化。

5. 流量思维

流量本质是用户的关注度。2014—2018 年中国广告市场及投放渠道变化趋势如表 3-1 所示。互联网往往把获取流量作为主要的营销目标。要想导流,必要时就要采取"免费"策略。其实"免费"的本质是完成费用承担者的转移,而非真正的免费。"羊毛出在猪身上"的商业模式,是"免费"商业模式的核心。然而,"免费"其实也是"最贵的",需要巨大的资金投入,因此一定要根据资源和时机而定。任何一个互联网产品,只要用户活跃数量达到一定程度,商机或商业价值便随之而来。在"注意力经济"时代,只有先成功引流才能让企业顺利进入盈利通道,反之则难以生存。流量思维的商业逻辑如图 3-12 所示。

表 3-1　2014—2018 年中国广告市场及投放渠道变化趋势

渠道	2014	2015	2016	2017	2018
电视广告	36.0%	33.1%	32.4%	29.6%	26.8%
数字广告（移动）	29.7%（8.9%）	34.3%（14.55%）	38.8%（21.7%）	45.3%（27.6%）	51.3%（36.7%）
报纸	10.2%	9.4%	7.5%	5.6%	4.3%
杂志	8.2%	7.4%	6.0%	4.7%	3.3%
广播	8.8%	8.8%	8.7%	8.6%	8.4%
户外	4.1%	4.1%	4.0%	3.9%	3.8%
直投	3.0%	2.9%	2.6%	2.3%	2.1%

图 3-12　流量思维的商业逻辑

现阶段各种 APP 应用软件活跃用户汇总可参见图 3-13。

排名	APP名称	12月活跃用户数（万）	11月公布（万）
1	微信	38317.4	38407.8
2	QQ	31669.6	32486.6
3	百度	13632.9	14166.7
4	手机淘宝	12348.7	14459.1
5	QQ浏览器	11333.6	11301.6
6	搜狗手机输入法	10684.0	10284.1
7	360手机卫士	9443.1	9145.2
8	QQ音乐	9442.9	9189.4
9	QQ空间	9060.8	9746.6
10	百度地图	8910.0	8900.7

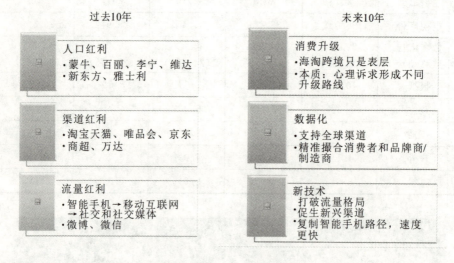

图 3-13　各种 APP 应用软件活跃用户汇总

互联网营销其实就是“流量”的逻辑。过去 10 年，整个消费行业的主要盈利模式均依靠人口红利、渠道红利和流量红利来迅速积累财富。而未来 10 年，社会将迎来新的变化和挑战，如图 3-14 所示。

图 3-14　中国商业发展变化趋势

6. 社会化思维

社会化思维主要体现在两个方面：一是利用社会化媒体去完成企业和用户之间的沟通，二是利用社会化的网络重塑组织管理和商业运作的模式。社会化思维的核心是通过社会化的网络，让整个社会的资源都能为你所用，比如社会化的招聘和众筹。社会化招聘用社会化网络招人,众筹利用社会化网络去融资,这些都是社会化思维的运用。

7. 大数据思维

大数据的价值在于数据分析结果背后所反映的信息和趋势,即大数据具有挖掘能力和预测能力。随着技术经济的快速发展,各种专业的、细分的分析工具可以帮助企业形成数据资产,有时甚至会成为企业的核心竞争力。即使再小的企业,也应该建立大数据的思维。充分利用大数据不仅可以大幅减少传统市场推广模式的资金损耗,实现精准营销,而且可以在运营层面有效驱动和优化企业的运营管理。

8. 平台思维

未来平台的竞争就是生态圈的竞争,单个平台已基本失去竞争能力。当企业存量较大或者实力强大时,一定要构建多方共赢的生态圈,但因为流量用户的获取成本、用户黏性维持成本都相当高,对于传统企业来讲,特别是初创者来说,建议用好现有的平台而不是直接去开发 APP,比如微信等第三方平台就是很好的选择。而营销平台、渠道平台都完全可以利用现有的云平台。平台思维还有一层含义,是内部组织管理的平台化,即让企业成为员工的平台,让每个人借助企业做自己的 CEO。

9. 跨界思维

现在"互联网金融""互联网医疗"都是典型的跨界思维的运用。"互联网+传统企业"本质就是传统行业效率的提升,高效率整合低效率是跨界竞争的本质。互联网企业一旦掌握了用户的数据,对用户的信用情况、需求情况、消费习惯、消费能力、地理位置等都能获取,跨界便能水到渠成。

(三) 训练敏锐的市场嗅觉

敏锐的市场嗅觉是成功创业者的一个突出的特质。创业者只有时刻关注市场的变化才能准确把握企业的战略发展方向,对社会、对市场的感知度高,谙熟未来的发展趋势,才能很好地应对变化和挑战。多数大学生创业者具有一定的市场嗅觉,但由于先验经验不足,往往在对市场价值的预测、商业机会的判断上容易停留在感性的直觉层面,因此需要加强对市场变化趋势、基础商业模式的了解和掌握,从而提升自身的市场嗅觉,比如,对"互联网+""共享经济"等市场大方向的了解。

如今全球均进入互联网时代，传统企业与互联网相结合是大势所趋。互联网作为市场不可或缺的工具、平台、技术、思维，深刻影响着中国社会。过去企业之间的协同是单向的、线性的、紧耦合的控制关系，大量的市场资源被中间商垄断。而如今互联网则为消费者提供了成本最低的直销模式，打破信息的垄断、时空的限制，在生产者与消费者之间迅速架起了桥梁，大幅降低了商品的成本，使交易迅速完成。由于运营数据化、渠道扁平化、信息共享化、协同网络化等极大地降低了创业者的进入门槛，给大众创业创造了良好的条件，因此吸引了大量的具有敏锐市场嗅觉的创业者。

共享经济具有整合线下资源、降低成本、提升配置效率的突出优势，是最近几年资本追逐的焦点。共享经济也叫协作型消费，其核心是个人多余的时间、拥有的技能和资源都可以和他人分享，降低了供给和需求两方的成本，大大提升资源对接和配置的效率。据统计，2014年全球共享经济的市场规模就达到了150亿美元，到2025年这一数字可能达到3350亿美元。因此，这种千亿级的市场短期内迅速吸引了大量资金的涌入。共享经济平台公司并不直接拥有固定资产，而是通过撮合交易获得佣金，客户则节约了金钱成本和时间成本，互惠互利。

（四）培养良好的沟通交流能力

良好的沟通交流能力可以让对方短时间内正确掌握你所要传递的信息。在时间就是金钱的商场上，良好的沟通交流能力就是创业者有利的资本。对于大多数初创者来说，在创业初期所掌握的资源非常有限，需要包括资金、人才、技术、政策等多方面的拓展，个人良好的沟通交流能力在这一阶段就显得非常重要。为了尽快达到自己的目的和期望，特别是在创业团队的组建和管理、启动资金的融资等环节，拥有良好的沟通交流能力，将帮助自己的项目和团队以最低的成本获取最大的资源。

（五）培养独立思考决策的能力

独立负责性是潜在领导者潜能的一个衡量指标，是管理能力的综合体现。一名成功的自主创业者，绝不会是缺少主见和犹豫不决的人。因为商场上，创业者需要时刻面对变化和挑战，需要带领团队凝聚共识，形成合力，克服困难，解决问题，因此独立思考的能力是一名创业者必有且重要的特质。创业者如果缺乏独立思考的能力，创业团队就等同于没有了头脑，团队成员也将很快对创业项目失去信心,团队也就无法形成凝聚力,创业也将很快失败。

(六) 培养顽强的环境适应能力

创业是非常艰苦的事情,即使是在创业成功后,创业者依然需要时刻面对风险与挑战。尤其是在创业初期,市场开拓的艰难、资金周转的痛苦、竞争压力的煎熬、团队信念的动摇等,几乎都严重困扰过每一位创业者。物质上的严重匮乏,加上精神上的巨大压力,往往容易击垮创业者的内心和身体。因此,创业者需要培养顽强的适应能力,要受得起大财富,更要经得起大风浪。顽强的环境适应能力是创业者的核心素质和能力之一,需要在创业之前就有所积累。

(七) 培养善于应对变化的处置能力

突发事件主要是指那些突然发生、带有异常性质以及人们缺乏思想准备的事件。比如产品出现质量问题、核心员工离职、自然灾害影响公司经营等事件。创业者应当具有应对突发事件的能力,在遇到突发情况时需要创业者利用这种能力来从容应对,带领团队安全度过危机时刻。应变能力不是一朝一夕能养成的,它需要一定的经验积累和能力积累的过程。因此,创业者的核心素质之一就是具备善于应对变化的处置能力。创业者在创业前就应该多注意这种能力的训练,比如多参加考验应变能力的实践活动,让自己有更多接触突发状况的机会,从而不断提高自己的应变能力。

第四章　大学生创新创业团队的组建

第一节　创新创业项目的选取

创业项目（project）是创新创业的载体，也是创业的主要内容。没有合适的创新创业项目，创业团队将无法创造商业价值。大学生属于高层次、高技能人才。但大学生要想创业成功，除了要具备所有普通创业大众应有的能力以外，还需要合适的商机和基础条件。即使是毕业的大学生，因为对社会缺乏足够的了解，很容易陷入一些创业误区。因此，在创业前应做好充分的准备，通过能利用的途径、方式积累相关的管理和营销经验，从而提高创业成功率。创业不是纸上谈兵、理论分析、逻辑推理的结果。影响创业失败的因素多达数百个，因此在选择创业项目时，需要根据实际的情况，综合各种因素进行权衡比较，如此才能降低创业失败的风险。

在选择创业项目前，创业者需要了解自己以及团队的优势与不足，同时确定现有的资源和创业所需的资源条件之间的差距，包括人才储备、资金和人际关系等，做到"知己知彼"。明确项目或企业的市场定位后（或企业的战略目标），创业者需要分析项目本身的"价值与潜力"，可从以下几个方面具体分析：

（1）项目本身是否具有科学性和可行性？

项目本身的科学性和可行性是创业成功的关键（尤其是科技转化型的项目）。如果项目本身不够科学或技术不够成熟、商业机会可行性不够高，即使付出再多也可能是失败，因此在选择创业项目时，创业团队应做好"功课"，即可以检索大量的相关信息和资料，做必要的市场调研和分析，充分研究和论证项目自身的商业价值和市场潜力，然后再做决定。

（2）项目是否在一定时期内具有独立的发展空间？

项目没有独立发展空间就意味着残酷的竞争，即使最后能够争取到立足之地，其结果也往往得不偿失。

（3）项目是否存在无法解决的困难和问题？

如果选择了面临的困难和问题不能解决的项目，则意味着创业活动会半途终止，这只会给自己带来损失。

（4）产品是否具有一定的门槛和较大的市场空间？

市场要有源源不断的需求，最好是反复重新消费的商品，只有选择这样的项目才可以持续发展。

当前大学生选择创业的项目时容易出现一些误区。一类是喜欢选择如网络服务、网页制作、家教中介、设计工作室等项目，或选择快餐业、零售业等连锁加盟店。这类项目准入门槛低，大学生似乎也具有一定的优势，但正因为门槛低，市场竞争自然就会很激烈，即所谓的"红海"。大学生对市场以及同业竞争了解还不够深入，如果仅凭自己的兴趣和想象来选择而没有做好充分的市场调研和项目论证，很容易创业失败。另一类则是盲目选择进入高科技领域，认为自己掌握了某种当前市场较为空白的新技术、新产品就可以成功地在"蓝海"当中淘金。殊不知，此类项目门槛很高，是可以避免激烈的竞争，但是正因为门槛高，前期的产品研发、市场测试、基础设施、生产工艺以及市场推广等都需要大量的资金和时间投入。如果没有雄厚的实力作为依托，此类项目也很容易半途夭折，血本无归。

大学生创新创业应充分结合创业者的专业特长和兴趣爱好，创业团队成员应优势互补。在大众创业的热潮中，大学生区别于普通大众创业的核心在于他们拥有专业的知识和敢打敢拼的创业精神，但同时也要清晰地了解自身在资金、人脉、渠道以及社会经验等方面的不足。因此需要制定稳健、可行的发展战略，即前期要在市场竞争中先谋得一席之地，站稳脚跟，中期要寻求合作，拓展市场，待掌握了一定的资源和市场后，再充分结合自身团队的优势打造创业项目的核心竞争力。

大学生要想在传统行业走出新路子就必须赢在创新。大学生创业既要立足现实，稳健发展，又要发挥年轻人特有的敏锐市场嗅觉和超前思维的优势，敢于创新。

创业是一个从0到1的过程，万事开头难。通常大学生创业主要缺乏的是资金和经验，因此在项目选择的过程中一定要充分结合自身的实际情况，选准方向，定准目标市场和目标客户，认真调研，充分考证。只有这样，才能拉开项目实施的序幕，保证项目能落地实施。同时，创业者必须认真思考项目的短期目标和长远规划，反复地论证企业的目标定位和实施方案，才有可能保证项目的持续运行。

第二节　创业团队领袖的选拔

团队领袖（leader）是这个临时组建的创业团队的最高领导。团队领袖在不同阶段的作用的发挥，将深刻影响团队合力的形成。因为创业团队从建立到发展、从实践到孵化、从比赛到创业，需要克服不同的困难和面临各种挑战，所以团队领袖需要在不同阶段领导团队形成合力，有效地整合团队内外的资源，逐项解决关键问题。这些关键问题的解决不仅与团队领袖的个性特征、基础素质和综合能力密切相关，同时还要求团队领袖具备高度的责任感和勇于挑战的企业家精神。

在创业初期阶段，由于团队前期积累的资源有限，项目无法将有限的资金用在雇用一名成熟的职场精英来担任团队领袖方面。因此该阶段的团队领袖通常从初期团队成员当中挑选。这就意味着这名团队领袖暂时不够成熟，可能还需要一个成长的过程，需要在带领团队共同克服困难的过程中不断成长成熟并形成其个人的权威和影响力。好的团队领袖不一定能使创业成功，但团队领袖的胜任力可以直接影响团队创业的成败，因此团队领袖的选拔对创业团队的组建至关重要。

如果创业团队形成初期没有非常合适的团队领袖，创业团队则需要在潜在的团队领袖人选当中通过竞选选拔出合适的未来领导者。创业企业家创业精神和心理素质培育的概念性模型如图4-1所示。团队领袖的挑选通常可以从以下几方面进行评估和考核。

1. 有敏锐的洞察力

在自主创业领域，有敏锐的洞察力和战略家的眼光尤为重要。创业领袖要

第四章　大学生创新创业团队的组建

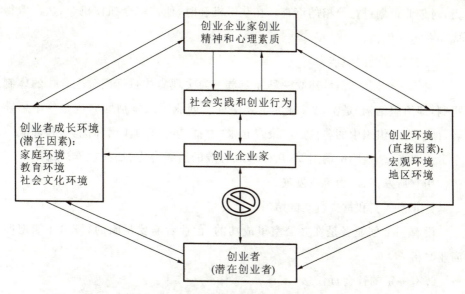

图4-1　创业企业家创业精神和心理素质培育的概念性模型

具有一定的前瞻性,既能通过信息和数据的分析整体预测经济发展的走向,又能从细微的变化觉察市场变化的趋势,从中洞见企业发展的契机。

2.有敢于决策的勇气与担当

创业者首先必须是一个敢于担当的人。没有人从不犯错,即使是成功创业的企业家也是在不断的试错和自我调整当中逐渐走向成功的。犯错并不可怕,可怕的是不能够正确认识错误,不能从错误中总结教训并找到正确的解决问题的方法。但团队领袖绝不能是一个犹豫不决的人。因为市场瞬息万变,商机稍纵即逝。团队领袖只有在创业机会来临时迅速地、正确地评估并做出决策,才能把握住商机创造利益。同时团队领袖也要有为自己可能出现的错误决策承担责任的勇气和担当。

3.有突出的冒险精神

很多成功的创富都赢在抢占先机和迅速扩张,对于机会型、创意型等低门槛的行业尤其如此。先机之所以"先",也就意味着当商机出现时通常许多自身条件未必成熟,形势不够明朗,在这个时候需要团队领袖能运用其研判能力和预测能力来冒险做出重大的决策。如果等到所有的时机成熟,条件充分,则商机就会被他人抢占,盈利空间和竞争空间都将被严重压缩。创业者不会将自己与组织的精力耗费在每一个机会上,他们大多保持良好的自律和识别机会的能力,对创业计划进行严格的审查。在获得机会时,他们就会抓住机会,从而取得成功并迅速创富。

4. 有良好的组织能力

对于一个团队而言,建立一种能使员工为实现集体目标而分工合作的体制机制,即组织结构,是实现目标的重要保证。创业团队领袖同时也是一个领导者,他应当将组织中的各位成员聚合起来,发挥其各自的作用和优势,并形成一个责权清晰、绩效明确的组织,从而形成有效的组织合力,如此也能让每个员工的作用有所发挥、能力有所发展。

5. 非常务实和重视行动的结果

没有一个创业者是在办公室里成功的,创业者需要果断的行动,才能把握商业时机。

6. 有一定的社会责任感

创业是一个艰难的过程,创业团队领袖需要带领一个团队去开创未知的事业和未来,肩上承担的期待和责任是非常大的。一个没有社会责任感的人通常很难承担此重任。只有怀抱一定的社会责任感,团队领袖才能在创业过程中为整个团队甚至团队成员背后的家庭命运而全力以赴地去处理和解决各种问题和困难。正如马云所说,只有当创业者将社会责任与商业模式和发展战略融为一体,成为企业发展的内在核心基因,企业未来的发展才具备持久性和可持续性。

第三节　创业团队成员的选拔

创业团队(team)是由基层和管理层人员组成的一个共同体,它必须能合理和充分利用每一个团队成员在知识、技能、资金、经验、能力等方面的资源,团队内部进行协同工作,并共同解决问题,从而达到实现共赢和发展的目标。

创业团队是为了共同的创业目标而组成的,它的作用就是帮助创业者创造商业价值,实现盈利。所以,我们在创业时,必须保证所建的团队要有共同的目标和强大的团队合力。

由于创业的风险极高,新创企业的未来具有极强的不确定性,对所需人才的要求也较高,加上自身竞争实力的不足,因此创业团队的组建通常是一件困难的事情。如何用最低的投入觅得高水平人才的加入,是对创业者的重要考验。现实生活当中,新创企业大多不会用高薪来吸引人才,而是通过描绘美好的项目未来或企业愿景、给人才提供潜在的个人发展空间、承诺未来公司股份甚至个人的人格魅力和友谊来吸引人才的加入。

创业团队在创建过程中,应注意人员组成结构的合理性。大学生组建创业团队时往往会选择志同道合的好友加入,这是最易操作也是最低成本投入的初创业团队形式,即合伙人形式。这样的团队有利有弊:利是团队成员相互了解,彼此熟悉,有共同的理想和兴趣爱好,合作融洽高效,这非常有利于创业初期的开疆辟土、共同奋斗;弊是当企业发展步入正轨,运营平稳,利益凸显后,团队成员个人利益的分配就会变成敏感问题,甚至影响企业未来发展的方向和决策。如处理不当,将危及团队甚至危及企业生存。因此,在公司创建的时候就应该考虑建立一个制度健全的公司组织形式与绩效制度,降低潜在的团队内部风险,为公司的长远发展奠定扎实基础。

招募合适的成员组成一支结构合理的创业团队是成功创业的关键一步。通常,创业团队成员的招募主要考虑以下几个方面。

1. 资源和能力互补

团队组建的目的是形成合力,创造利润。因此团队成员在能力上,或技术上,或资源上形成互补是非常重要的。团队成员的互补性有助于团队成员发挥各自的优势,也有利于强化团队成员间的彼此合作,形成较强的团队战斗力。

2. 执行力强

如果将团队领袖形容成一个人的头脑,那团队成员就是这个人的四肢和躯干。团队成员的任务是负责将团队领袖的想法和意图变成现实,因此需要根据设定的工作目标来各自完成各项细分的工作内容。只有要求团队成员具有较强的执行力,才能将创富的梦想一步步转化成现实。

3. 吃苦耐劳

由于创业初期是创业过程中最为艰难的阶段,团队面临的困难非常多,工作条件通常都比较艰苦,未来的不确定性很大,因此要求创业团队成员必须能吃苦耐劳,信念坚定。

第四节　创业团队合力的建构

一、创业团队的构成要素

创业团队离不开五个组成要素,即人、目标、定位、权力和计划,也就是人们常说的"5P"。

1. 人(people)

人是构成团队的核心力量,所以成员的选择是团队形成的一个关键部分。团队内部既需要有分工,也要有协作。所以在成员选择方面必须要考虑成员的能力和经验。

2. 目标(purpose)

团队应该有一个既定的目标,围绕该目标的实现,每个人都应该清晰地了解各自的责、权、利,以及实现目标的路径。没有目标,团队就失去了方向,无法形成合力。

3. 定位(position)

定位包含团队的定位和个体定位。团队在公司中处于什么位置?由谁选择和决定团队成员?成员在团队中各自承担什么职责和功能?这些都要提前设定。

4. 权力(power)

团队中团队领袖的权力大小由团队的发展阶段来决定。按照一般的惯例,团队发展得越成熟,团队领袖所掌握的权力就越小。在团队发展的初期,团队领袖的权力则应该相对集中。

5. 计划(plan)

计划通常包含两层含义:一方面目标最终的实现需要一系列具体的行动方案;另一方面计划是团队的行动纲领,在常规情况下,团队只有按计划展开工作才能保证团队的顺利发展,从而确保目标的实现。

二、创业团队组建的基本原则

在创建团队时，可以依据以下的基本原则进行，以确保创建的团队更贴近创业的现实需要。

1. 规模适度原则

适度的团队规模是保证团队高效运转的重要条件。尤其对于新创企业，团队成员过多，运营的成本压力就大，团队成员过少则会因拖慢工作的进度而导致错失商机。一般情况下，创业团队的规模视项目运营的最少需要而定，控制在3~12人之间为宜。

2. 目标一致原则

每位团队成员都是不同的个体，其价值观、思维方式、行为习惯以及创业的需求和动机都可能存在差异。尽管每位成员可能各有长处，但是为了保证创业团队能高效运转，团队成员的工作目标必须保持一致，否则容易产生内耗。如果核心团队成员中途离开，还将对团队产生巨大影响。

3. 目标明确原则

团队的目标必须明确，这样才能使团队成员清楚地认识到共同奋斗的方向是什么。同时，目标必须是合理的、切实可行的，这样才能真正达到激励的目的。

4. 能力互补原则

创业者之所以寻求团队合作，其目的就在于弥补创业目标与自身能力之间的差距。只有当团队成员相互间在知识、技能、经验等方面实现互补时，才有可能通过相互协作发挥出"1＋1＞2"的协同效应。

5. 精简高效原则

为了减少创业期的运作成本、最大比例地分享创业成果，团队人员构成应在保证企业能高效运作的前提下尽量精简。

6. 动态开放原则

创业过程是一个充满了不确定性的过程，团队中可能因为能力、观念等多种原因不断有人离开，从而需要不断补充新人。因此创业团队在组建的过程中无法避免人员流动。从宏观的角度看，创业团队的动态性和开放性其实也是创业团队的自适应过程和内部优化过程。

三、创业团队组建的程序及要点

创业团队的组建是一项系统工程,其大致的程序及要点包括以下方面。

1. 制定明确的创业目标

创业团队的总目标就是要通过完成创业阶段的技术、市场、规划、组织、管理等各项工作实现企业从无到有、从起步到成熟。总目标确定之后,为了推动团队最终实现创业目标,再将总目标加以分解,设定若干可行的、阶段性的子目标。

2. 制订创业计划

在确定了阶段性目标以及总目标之后,接着就要研究如何实现这些目标,这需要制订周密的创业计划。创业计划是在对创业目标进行具体分解的基础上,以团队为整体来考虑的计划。创业计划确定了在不同的创业阶段需要完成的阶段性任务,通过逐步实现这些阶段性目标来最终实现创业目标。

3. 招募合适成员

招募合适的成员是组建创业团队最为关键的一步。最基本的创业团队人员组成至少需要管理、技术和营销三个方面的人才,其他人员设置要根据创业项目的不同阶段的发展需要来决定。所招募的成员必须具有一定的专业能力,能熟练掌握和运用相关领域的经验和技能开展工作。成员之间只有形成良好的沟通协作关系,创业团队才可能稳定高效地运转。

4. 合理划分权责

为了保证团队成员执行创业计划、顺利开展各项工作,必须预先在团队内部进行权责的划分。权责划分就是根据执行创业计划的需要,确定每个团队成员所要担负的职责以及相应享有的权限。团队成员间权责的划分必须明确,既要避免权责的重叠和交叉,又要避免职责无人承担造成工作上的疏漏。此外,由于创业过程面临的创业环境是动态复杂的,问题会不断地出现,团队成员也很可能频繁流动,因此创业团队成员的权责应该适时调整。

5. 构建创业团队的制度体系

构建创业团队制度体系的目的是对团队成员进行控制和激励。制度体系主要包括以团队管理为目标的内部约束制度以及以市场开拓为目标的各种员工激励制度两大类。为了能实现"人尽其才,才尽其用",充分调动和发掘团队成员的工作积极性和价值创造力,创业团队的制度体系要规范、合理、可行,且最好能在创业初期就确定下来,成为团队共同的行为规范。

6.团队的调整优化

完美组合的创业团队并非创业一开始就能建立起来,很多时候是在企业创立一定时间以后随着企业的发展逐步形成的。随着团队的运作,团队组建时在人员匹配、制度设计、权责划分等方面的不合理之处会逐渐暴露出来,这时就需要对团队进行适当的调整和优化。在团队的调整融合过程中,要注意保证团队成员之间进行的是持续的、有效的沟通,这样不仅可以培养和强化团队精神,同时也更能提升团队士气。

7.团队合力的构建

团队合力并非自然形成的,需要团队成员围绕共同的奋斗目标或企业愿景,通过各种创业活动的过程参与和团队成员之间的有效沟通才能逐渐形成和强化。从创业团队开始组建起,创业团队合力的构建就要相伴展开,并且要得到持续的优化和强化。

在现实当中,创业团队的组建往往得不到充分的重视,尤其是大学生群体,随便找几个聊得来的舍友或同学即组成一支所谓的创业团队,而且每个人都是经理,或者动则招募几十名成员组成一个项目团队的现象屡见不鲜。这些都是没有真正理解创业团队组建的真正内涵。

第五节　创业团队与创业导师的匹配

一、什么是创业导师与创业指导

Sullivan 和 St-Jean 认为,创业导师是指向初创企业者提供建议和思维方式以帮助他们避免致命错误的经验丰富的企业家。创业导师通常拥有丰富的创业经验、知识以及资源,是创业成功的关键群体。国外的创业导师通常是企业经营管理的通才或退休的行业精英,他们可以帮助创业者拓宽视野,开拓思维,为创业者的创业技能提供指导,甚至还可以分享其个人在经验、人脉、信息、平台等方面的创业资源,协助创业者对接市场。在国内,由于经验丰富、知识与能力结构较为全面的创业导师非常缺乏,因此通常创业导师由校内的创业教育教师和校外的企业家或行业高管共同组成,以实现互补。John Cull 将创业指导过程分为三个阶段:开始阶段、中期阶段和终止阶段。创业指导是创业导师与创业者之间的一种循序渐进的交流互动过程。经调查,得到大学生从创业导师那里学到的主要内容的统计数据如表 4-1 所示。

表 4-1　大学生从创业导师那里学到的主要内容的统计数据

选项(可多选)	百分比/%
增加专业知识、提高专业实践能力	69.4
增强对行业发展形势的了解	57.1
转变择业观念	52.0
增强了吃苦耐劳的精神	29.6
提高了与人沟通的能力	27.6
提高应聘能力	17.3
提高创业意识	10.2

二、创业导师的功能

创业导师功能的具体体现如表 4-2 所示。

表 4-2　创业导师功能的具体体现

功能	内容说明
反馈	给创业者在"他是谁"和商业项目方面的反馈,提供个人进度报表,识别优势和劣势,在某种程序上就像一面镜子
恢复信心	消除创业者在困难时期的疑虑,使创业者释放压力并看透问题
激励	帮助创业者建立自信,给创业者持之以恒的激励
知己	随着时间的推移,创业者信任导师,导师成为创业者的朋友,指导关系转化成朋友关系
融入	向创业者展示创业未来需要的商业联系,有利于创业者融入商界

续表

功能	内容说明
信息支持	向创业者提供信息,传递个人知识,如业务管理、法律意识及对企业有用的信息等
积极面对	创业者的信仰、态度、习惯可能影响目标实现,导师质疑创业者的想法有助于创业者进行反思,积极面对创业过程中出现的问题
引导	帮助创业者提高问题理解力,拓宽问题解决思路,甚至在创业者需要时给出解决问题的建议
行为榜样	发挥角色榜样的示范作用,促进创业者潜移默化学习特定情境的经验,甚至成为创业者灵感的源泉

多项研究成果表明,创业导师的创业指导对创业者的成长和提高具有重要的作用。最早强调创业导师作用的是 Deakins 等,他们认为创业导师通过创业指导提高了创业者的企业管理能力和目标达成能力。Hudson-Davies 等也指出:创业导师与创业者个人发展有很大关系,作为角色榜样,创业导师可以引发创业者的模仿行为。导师是创业者的社会资源之一,是创业者的业务伙伴和扩展关系网络的关键节点,并且对创业者的机会识别能力有重要作用,Ozgen 和 Baron 通过实证研究验证了两者的关系,即与导师联系的密切程度与机会识别能力显著正相关。创业学习对创业者成功解决在创建新企业过程中面临的机会识别和资源获取两大问题具有重要的意义。Cope 和 Watts 强调了创业导师对创业者反思性学习的重要作用,并指出创业导师可以从更客观的视角帮助创业者进行创业项目评价,促进创业成功。Hezlett 认为创业导师指导有助于创业者的认知学习、情感学习和技能学习。而 St-Jean 和 Audet 通过对创业导师指导机构的实证研究发现,创业导师的指导、建议和角色榜样能有效促进创业者的认知学习和情感学习,增强其创业知识和技能、机会识别能力以及自我效能感。对于创业者而言,创业导师指导效果最直接的表现为在新企业成长阶段中提升创业企业绩效,包括销售额和盈利能力增加、市场规模扩大、信息获取等。

不同类型的创业导师团队的职能分工如表 4-3 所示。

表 4-3　创业导师团队职能分工一览表

	高校创业导师	科技创业导师	YBC 创业导师
主要构成人员	高校企业管理或经济贸易专业教师、辅导员、企业家	成功的技术创业企业家、创业风险投资和金融专家、市场营销管理专家、科技管理领域专家和研究者	来自社会各界,既包括科研院所的相关研究人员,也有成功的创业企业家、市场营销等方面的专家
服务对象	在校大学生	经过科技孵化器精挑细选的科技创业者	18～35 岁有志创业的青年
指导内容	培养创新精神和创业品质	战略指导	提供商业经验或资源
角色定位	非志愿者	未必是志愿者	志愿者

三、创业指导的过程与要点

创业导师的职能是创业指导和提供资源,创业指导强调的是过程指导。在不同的发展阶段,创业导师应为创业者提供相应的指导内容。

1.关系建立阶段

指导关系的建立阶段是一个彼此了解的过程,同时也是创业者快速学习的阶段,因此创业导师与创业者之间首先需要建立互信。而创业意识、创业信念、创业知识是该阶段的主要指导内容。创业导师可以通过相关知识的传授来增进对创业者的了解,引导其自我认知和自我探索,并根据其个体的现有基础进行分析和评估,以便为日后的"查漏补缺"做准备。

2.关系发展阶段

随着创业者创业知识的不断完备,创业导师需要在该阶段为创业者提供更多实质性的训练。导师可以通过引导和帮助创业者制订和执行商业计划,寻找合适的创业项目来有意识地训练和提升创业者的创业核心素质和能力,比如通过市场调研、团队建设与管理、路演等环节来训练其创新思维、市场嗅觉、商机识别等各项能力。这同时也可以极大促进创业导师与创业者之间的互信,使他们的关系更加紧密。

3. 关系巩固阶段

该阶段创业导师与创业者之间的关系紧密、巩固。此时创业导师可以给予创业者更多的独立发展空间,将前期的积累通过实践过程得以外化和提升。当时机成熟,创业导师可以将自己重要的经验、人脉、信息、平台等方面的创业资源与创业者分享,甚至可以与创业者建立利益共同体的关系。

创业导师对创业者的影响如图 4-2 所示。

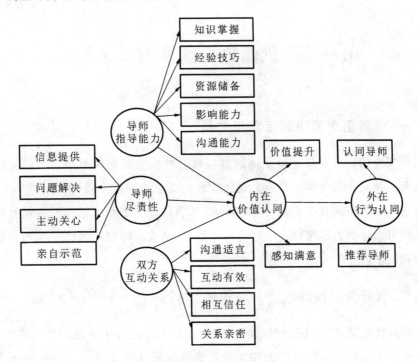

图 4-2　创业导师对创业者的影响

第五章　大学生创新创业实践的组织

第一节　创新创业实践的常见形式

一、创新创业实践的定义与内涵

广义上的社会实践是指个体通过在社会的真实场景中参与各类社会活动的过程。狭义上的社会实践通常是指除校内课堂教学及实验(实习)教学之外,学生参与的为拓展其综合素质和培养、锻炼各种能力的相关活动。而创新创业实践则可以理解为传统社会实践的一种外延,是重点围绕拓展大学生创新创业素质和创新创业能力的一种社会实践。

二、创新创业实践的意义与作用

提倡独立思考、开拓创新、敢于尝试、允许失败的大学生创新创业实践,是有效提升大学生创新创业能力和大学生综合素质的重要途径。创新创业教育思想是 21 世纪教育哲学的全新理念和新的价值观,其核心内容是培养受教育者开拓进取的精神与创新创造的能力,这与我国高校大学生文化素质教育在目标和途径上高度契合。

创业活动频繁的发达国家均非常注重创新创业教育与实践,特别是许多世界知名大学,都以注重学生创新意识和创造能力的培养来吸引世界各地的精英学生。以美国为例,美国高校在创新创业研究与实践领域始终领跑国际,产生了很多世界知名的创业学院和创业大学,至今包括斯坦福大学、哈佛大学、麻省理工学院、加州大学圣地亚哥分校等均已构建出各自独具特色的跨界融合模式,成为支撑和驱动美国经济、社会发展的重要力量;美国社会更是形成了支持和鼓励创新创业的社会文化和制度体系,将创新提升到驱动国家发展的核心竞争力的战略地位。2004年美国竞争力委员会就在《创新美国》研究报告中提出:企业、政府、教育、科技等之间需要建立一种新的关系,形成一个适应新世纪发展要求的创新生态系统。

在我国,随着对"实践育人"的理念的再认识,以及创新创业教育日渐受到政府与高校的关注,"创新创业实践"这一概念被正式提出并逐渐被各大高校所采纳,如今已成为创新社会实践形式和丰富社会实践内涵的重要推动力量之一,尤其是对于开展创新创业人才培养的高校,创新创业实践已成为实践教学的必要支撑和重要环节,"创新学分"也成为大学生的必修学分之一。

国家建设与地方发展都迫切呼唤更多的创新型、创业型人才,而学生的事业心和责任感等创新创业素质的培养、敢于冒险和勇于创新的创业精神的修炼、机会识别和团队协作等创业能力的提高,都必须通过不断的培养和训练的实践过程来获得。因此,创新创业实践必须是持续的、渐进的、长期的、全程的实践训练。

三、创新创业实践的常见途径

高校创新创业实践有许多形式和途径,以下介绍几种常见形式。

(一)与科学研究、实践实习相结合,搭建专业创新训练平台

结合教师科研与学生实践实习,搭建专业创新训练平台是大多数高校所采用的形式。比如利用教师的科研课题、"创新实验计划"项目、校内实训基地、校外合作基地、校内外联合项目开发等专业创新训练平台,鼓励学生积极开展创新研究,引导其通过项目式探讨,自主完成方案设计、项目实施、项目结题,使其在过程中了解专业前沿领域的一些新技术、新成果,同时培养其较强的科研创新能力及团队合作精神。此外各高校通过专业实习、课程实践或学生兼职等方式,鼓励大学生更多地了解社会、了解商业、了解市场,更多地与创业者近距离接触,了解企业创办和运营管理。这不仅有利于培养大学生创新意识与创业精神,也有利于增强大学生对专业创新与科技转化重要性的认识,提升其科技创新能力和创业能力。

(二)与社团活动、学科竞赛相结合,搭建校内创业训练平台

丰富多彩的第二课堂活动是大学生锻炼综合素质和综合能力的主要平台。

各种兴趣社团、各种学科竞赛,都为大学生的创业训练提供了很好的锻炼机会。例如"互联网+"全国大学生创新创业计划大赛、"创青春"等各级各类创新创业竞赛,近年来成为吸引高校大学生参与创新创业实践的重要载体,配合开展了创业培训、讲座论坛、创业沙龙等多种形式的创新创业实践。此外,与创新创业有关的社团文化建设也日渐成为大学生提升自我创新意识和创业意识的实践平台,如大学生就业创业促进协会、创客联盟等。高校提供活动场地,给予经费支持,搭建平台,鼓励大学生创新与创业,一方面使学生的创业理论知识得以转化为实践分析能力,另一方面通过初创推广、创客联盟的组建等多种渠道,为有创新创业意愿的同学搭建一个互动交流的平台,有利于大学生寻找创业伙伴、组建创业团队、整合校内资源,进而提高适应未来创业的实践能力。高校创新创业教育常规组织架构如图 5-1 所示。

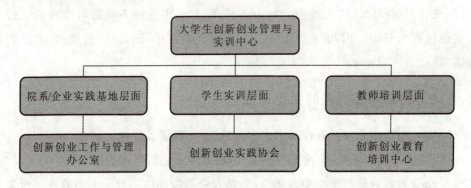

图 5-1 高校创新创业教育常规组织架构

(三)与地方政府、企业结合,构建校外创新创业实践平台

高校的资源比较有限,无法为大学生提供真实的市场环境,因此难以提供大学生市场生存能力的训练场景。尽管一些高校在校内建立大学生创业孵化基地,或者建立大学生创业实践中心等校内创新创业实践平台,但是没有经过真实市场的检验,大学生的创新创业能力就如同温室当中的花朵,一旦脱离高校,进入社会的市场竞争中就容易遭受挫败。缺少地方政府、企业与科研机构的参与和支持,创新创业生态系统也就始终得不到真正的健全。因此,与地方政府、企业结合,开拓更多校外的创新创业实践平台,如创客城、创客空间、创业一条街等,可以切实提升大学生的创新创业实践能力。

第二节　创新创业实践活动的选取

目前高校大学生创新创业实践活动多数围绕创新创业竞赛、创业模拟、创业训练等模拟竞赛形式进行,缺少与实际项目的结合,缺乏实际创业的实践机会,不能使大学生系统地熟悉创业的基本流程和基本方法,以至于不能真正激发大学生的创业意识。创业实践活动不能局限于创业竞赛的模式,应当加强与企业的合作,让学生真正走进企业,去了解企业,在实际体验中学会创业。

因此,开展大学生创新创业实践应遵循以下几条原则,活动才可能达到预期的目标。

1. 尽量满足大学生对创新创业的需求

大学生创新创业实践活动的目的是培养大学生的创新精神、创业意识和创新创业能力,让大学生在实践中成长,从而促进大学生自主创业工作,最终促进社会经济的发展,增强社会经济发展的竞争力。所以大学生创业实践活动的选取一定要满足大学生对创新创业的需求。

2. 要得到大学生实现自我价值的认同

创新创业实践活动是大学生自我价值实现的发展需求,符合高校人才培养目标的发展方向。从对参加创新创业实践活动的大学生进行调查的结果来看,近一半学生参加创新创业实践的主要动力来源于自主创业。在目前市场开放的新时代下,大学生不仅仅只限于课本理论知识的学习,他们更希望通过亲身经历的实践过程去寻找自己的发展机遇。大多数大学生认为通过创新创业实践,能够充分发挥自己的主观能动性,通过进行决策和管理,个人才华得到了充分施展,自我价值得到了实现。创新创业实践活动只有得到大学生实现自我价值的认同,才能使其更有创业动力。

3. 要立足各高校办学定位和办学条件

大学生创新创业实践活动的选取一定要立足高校办学定位和办学条件,高校首先需要搭建创新创业的实践平台,提供基础设施,营造好创新创业的环境。没有积极营造良好的创新创业实践环境,将直接影响大学生参与创新创业实践的积极性。

4.要整合校内外创业导师的创新创业资源

教师是大学生创新创业实践指导的关键因素,高素质的师资队伍对大学生创新创业实践有积极的推动作用。当前很多高校组织学生参加各种创新创业竞赛、创业模拟实践等活动,这些创新创业活动的指导老师却大都是其他专业任课老师,缺乏有创业实践经验的专业老师。这些老师没有经过系统的创业知识培训,同时又缺少创业实际经验,大都是靠理论知识去指导学生实践,缺乏实际的操作经验,这也给大学生创新创业实践的有效性带来了很大的影响。所以创业实践活动选取时要考虑到导师因素,好的创业导师能够为大学生创业带来极大的促进作用。

第三节 创新创业实践活动的实施

当前各高校根据自身的优势和特色,开展了各具特色的大学生创新创业一体化实践平台的建设,取得了良好的效果。创新创业一体化实践平台建设内容结构图如图 5-2 所示。

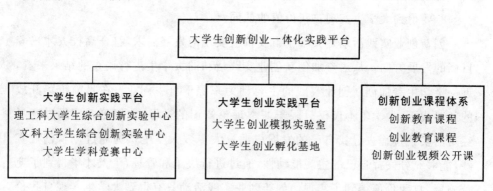

图 5-2 创新创业一体化实践平台建设内容结构图

通常,大学生创新创业实践活动的实施需要在高校进行的整体设计的基础上分阶段、分步骤地进行。

1.组建大学生创业社团

通过成立大学生创业社团的形式,将学校内不同专业的有创业热情的学生组织在一起,搭建一个校内的创业学习平台,有助于学生之间的创业实践经验交流和分享。同时,也可以定期以创业社团活动的形式组织大学生创新创业实践活动。如创业社团举办的校内大学生创业策划大赛、创客联盟、创业沙龙、社团校际交流学习等活动。通过这些由学生社团自己组织的创新创业实践活动,引导大学生参加创新创业实践,可以激发大学生进行创业尝试的积极性。

2.搭建学科竞赛平台

学校可以通过积极组织学生参加各项大学生创新创业竞赛,如大学生创新创业训练计划项目、"挑战杯"全国大学生创业大赛、"互联网+"大学生创新创业大赛等,为学生提供各种各样的创新创业实践机会,激发学生对创新创业实践的积极性,从而激发学生的学习热情。

3.建立创新创业基地

学校可通过建立创新创业基地,在校内为学生提供"全真"的创业环境,让学生真正体验到创业的感受,在创业中找到创新的灵感,从而提高大学生参加创新创业实践的积极性,激发大学生创新的激情。

4.建立项目培育的平台

有条件的高校往往会在校内或校园周边建立项目孵化器,依托项目,为有一定潜在商业价值的优质创新创业项目团队提供免费便利的基础设施和办公场所,并引入风险投资机构为项目的市场化进行前期融资。

5.设立创业奖励基金或支持基金

设立创业奖励基金或者创业支持基金,支持鼓励创业活动,可以激发学生的创业激情和创业积极性。

第六章　大学生创新创业项目的孵化

第一节　创新创业核心团队的优化

完美组合的创业团队并非创业一开始就能建立起来,很多时候是在企业创立一定时间以后随着企业的发展逐步形成的。随着团队的运作,团队组建时在人员匹配、制度设计、权责划分等方面的不合理之处会逐渐暴露出来,这时就需要对团队的管理做出适当改变,使团队进行调整融合。由于问题的暴露需要一个过程,因此团队调整融合也应是一个动态持续的过程。在完成了前面的工作步骤之后,团队的调整融合工作就需要专门针对运行中出现的问题,不断地对前面的步骤进行调整,直至满足实践需要为止。

在进行团队调整融合的过程中最为重要的是保证团队成员间经常进行有效的沟通与协调,培养强化团队精神,提升团队士气,提高团队合力和整体效能。创业核心团队管理优化思路如图 6-1 所示。

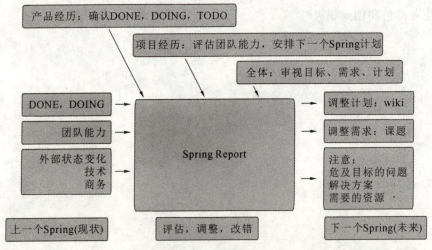

图 6-1　创业核心团队管理优化思路

一、创业团队的阶段变化特征

1. 形成期

形成期要快速地掌握团队,使成员能尽快地进入工作状态,防范风险,降低风险发生的概率,确保事情能顺利进行。此阶段缺乏共同的目标,成员间关系尚未建立起来,彼此的信任度较低,处于磨合状态。这时矛盾较多,内耗比较严重,团队进行运作的效果十分不理想,因此此阶段团队领袖作用的发挥至关重要。

2. 成长期

成长期要挑选团队的核心成员,并培养其应具备的能力,注意建立清晰的权责划分制度,适当地把权力分散出去。此阶段团队成员逐渐了解领导者的想法与团队的目标,成员间也有了一定的默契,每位成员基本可以独立完成一些事情,但是总体上对彼此仍然具有一定的依赖性。

3. 激化期

激化期要建立团队的共同愿景,使其向自主化方向发展,要善于运用团队中的创造力,在团队内部求同存异。此阶段是团队成员可以公开表达不同意见的阶段。成员可以提出不同的意见,甚至鼓励建设性的冲突,成员间坦诚相待,信任度极高,此阶段的团队成员凝聚成一体,愿意为团队付出和奉献。

4. 成熟期

成熟期要保持发展过程中的动力,避免出现故步不前甚至退化的现象,要持续不断地学习,不停止成长。凭借过去的努力,团队变得强而有力,所有成员都具有强烈的归属感和责任感,一切制度和规章完全建立起来,团队的管理运行十分有序和高效。

二、创业团队的管理技巧和策略

创业团队管理的重点是在维持团队稳定的前提下发挥团队多样性优势。有效的团队管理能使各个本来分散的个体和具有不同能力、不同个性的人组成一个有共同目标、相互协调的整体。团队管理就是要使团队具有不断改善、不断革新的精神,使每个人的才能不是停留在原有水平上,而是不断地发展和增强,从而起到"1+1>2"的效果。

团队的协作应围绕降低资金成本、人力成本和营销成本的目标而展开,如图 6-2 所示。

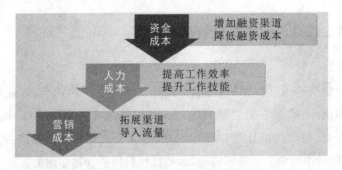

图 6-2 团队协作的总体目标

1. 打造团队精神

团队精神是所有成员的精神支柱,是创业成功的基石。团队精神和团队文化能充分调动成员的团队意识,促进彼此理解和支持,并为实现团队的共同目标服务。一个没有团队精神的团队或者企业将难以形成团队合力,甚至会产生内耗,阻碍企业发展。只有具备"团队精神"的团队,才会形成一种无形的向心力、凝聚力和塑造力。

2. 形成团队精神

第一,培养团队成员的敬业精神。敬业是积极向上的人生态度,而兢兢业业做好本职工作是敬业精神最基本的体现。要做到敬业,首先要有耐心、恒心和决心。任何事情都不是一蹴而就的,不可只凭一时的热情、三分钟的热度来工作,也不能在情绪低落时就马马虎虎、应付了事。特别是在创业的初期,需要所有团队成员能勇敢地面对并解决困难。

第二,建设学习型团队。每个成员的学习、每次团队的讨论,就是团队成员思想不断交流、智慧火花不断碰撞的过程。如果团队中每个成员都能把自己掌握的新知识、新技术、新思想与团队其他成员分享,集体的智慧势必大增,团队的学习力就会大于个人的学习力,团队智商就会大大高于每个成员的智商,整体大于部分之和。

第三,建立竞争型团队。人类社会发展遵循优胜劣汰的法则,在激烈的市场竞争条件下,竞争意识应渗透到团队建设之中,从而建立一个竞争型的团队。竞争型团队必须具有竞争意识,敢于正视自己,敢于面对强手。竞争型团队要提高自身水平和技能,能有效完成团队任务。竞争型团队在建立内部竞争机制时,要注意成员之间的关系是建立在理性基础上的竞争,而不是斗争。协作是团队的核心,要用争论来激活团队的气氛,激发成员的竞争意识。要以发展来吸引人,以事业来凝聚人、培养人,以业绩来考核人,用有情的鼓励和无情的鞭策让团队的每一个成员都能以积极的心态工作,实现自我和超越自我,最大限度地发挥团队合力。

如图 6-3 所示为李石(资深企业管理顾问)的提高团队管理能力的路径学说,该路径学说主要是回答图(a)～(d)中的四个问题。

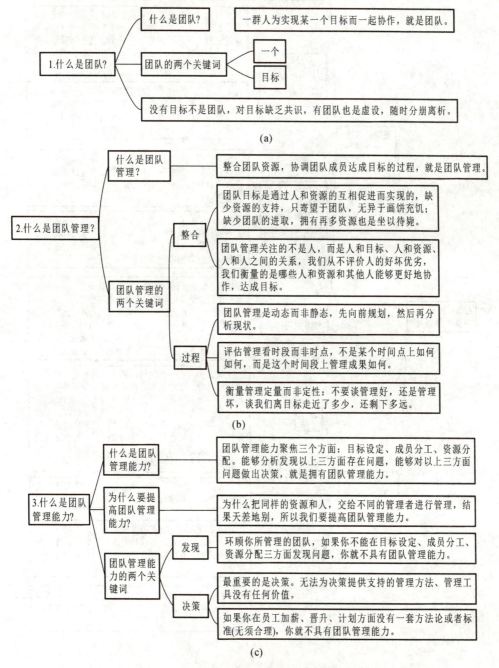

图 6-3　李石的提高团队管理能力的路径学说

```
                                          ┌─────────────────────────────────────┐
                                          │ 提升团队管理能力有三个层次,依次为:关注状态、│
                                          │ 优化连接、发掘潜力,提升团队管理能力的过程就│
                                          │ 是逐层升级的过程。                   │
                                          └─────────────────────────────────────┘

                                                       ┌─────────────────────────────────────┐
                                                       │ 试试看用三个关键词形容自己的下属,他的需求是│
                                                       │ 什么;他擅长什么;他拙于什么。不了解他的需求,│
                                                       │ 就无法激励;不了解他擅长什么,就无法授权;不│
                                          ┌──────────┐ │ 了解他的短板,就无法培训。无法激励、授权、培│
                                          │第一个层次│ │ 训,就无法管理。                     │
                                          │是关注成员│ └─────────────────────────────────────┘
                                          │的状态   │
                                          └──────────┘ ┌─────────────────────────────────────┐
                                                       │ 衡量关注这个层次的标准是关键词的提炼,如果谈│
                                                       │ 到下属,只能说出人品好、能力强之类的,这种关│
                        ┌──────────┐                   │ 键词就没有任何价值。关键词必须定位分明,差异│
                        │如何提高团│                   │ 明显,这样的关键词才能支持决策。      │
                        │队管理能力?│                   └─────────────────────────────────────┘
                        └──────────┘
                                                       ┌─────────────────────────────────────┐
                                                       │ 让团队的成员知道,团队的目标是什么,基于目标│
                                          ┌──────────┐ │ 如何分工,如果实现目标,对于他们有什么好处;│
                                          │第二个层次是│ │ 让资源向目标充分倾斜;让目标随着团队的反馈而│
                                          │对目标、团队│ │ 调整优化。                          │
                                          │、资源三者进│ └─────────────────────────────────────┘
                                          │行连接     │
                                          └──────────┘ ┌─────────────────────────────────────┐
                                                       │ 本质上即是让有权力的人承担责任;让担负责任的│
                                                       │ 人得到利益。反之,如果拥有权力不需要承担责任,│
                                                       │ 承担责任得不到利益,拿到利益不需要承担责任,│
                                                       │ 则是团队管理无能的表现。              │
                                                       └─────────────────────────────────────┘

                                                       ┌─────────────────────────────────────┐
                                                       │ 制定目标受限于团队资源,凡是团队和资源并不是固│
  ┌──────────┐                            ┌──────────┐ │ 定不变的。德鲁克曾说:"组织的功效就在于让平凡│
  │4.如何提高│                            │第三个层次是│ │ 的人做出不平凡的事来。"如果我们合理设置目标引│
  │团队管理能力?│                          │对潜力的挖掘│ │ 导团队成员发挥自己的潜力;如果我们精心搭配团队,│
  └──────────┘                            └──────────┘ │ 让团队成员可以发挥优势避免劣势;如果我们聚焦资│
                                                       │ 源在核心领域之上,团队的潜力超乎你的想象。  │
                                                       └─────────────────────────────────────┘

                                                       ┌─────────────────────────────────────┐
                                                       │ 关注成员状态是为连接做准备,挖掘潜力是做好连│
                                                       │ 接后的延伸。本质上都是连接,连接并不难,难的│
                                                       │ 是维持连接,团队管理是个动态的过程,所有的理│
                                          ┌──────────┐ │ 念和方法都是一种积累和沉淀,如果之前对员工做│
                                          │ 连接     │ │ 出的承诺从来都没有履行过,之后的激励就是画饼│
                                          └──────────┘ │ 充饥;如果提拔的都是亲朋好友,那么期待离职面│
                                                       │ 谈能留人就是不切实际;如果点滴错误都要声色俱│
                        ┌──────────┐                   │ 厉,那么鼓励创新就是痴心妄想。        │
                        │提高管理能│                   └─────────────────────────────────────┘
                        │力的关键词│
                        └──────────┘                   ┌─────────────────────────────────────┐
                                                       │ 管理有科学的一面,侧重理性和逻辑;管理也有艺│
                                                       │ 术的一面,侧重感性和直觉。            │
                                                       └─────────────────────────────────────┘

                                                       ┌─────────────────────────────────────┐
                                                       │ 前者是管理风险,后者是管理效率,没有对错之分,│
                                          ┌──────────┐ │ 只有风格取舍。像之前谈到关注员工状态一样,给│
                                          │ 风格     │ │ 自己关键词,我需要什么,我擅长什么,我的短板│
                                          └──────────┘ │ 在哪?                              │
                                                       └─────────────────────────────────────┘

                                                       ┌─────────────────────────────────────┐
                                                       │ 经过沉淀的关键词就是你的管理风格,有了风格其│
                                                       │ 他成员才能更好地配合和补位,只有管理者融入团│
                                                       │ 队,团队才能被称之为团队。            │
                                                       └─────────────────────────────────────┘
```

(d)

续图 6-3

第二节 创新创业孵化项目的确定

一、创业孵化项目选择的原则

斯晓夫教授认为,创业可分为生存型创业与创新型创业、经济创业与社会创业,以及企业内部创业等类型。其中创新型创业包括技术驱动型的科技转化型创业和创意驱动型的文化创意型创业,是相对适合大学生发挥优势的类型。

大学生在选择创业目标时,要确保目标与创业者的素质相符,具有可实现性,并且风险在创业者的承受范围内。创业孵化项目选择的思考路径如图6-4所示。

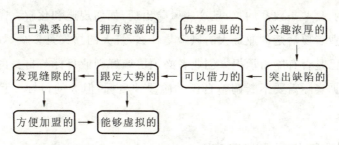

图6-4 创业孵化项目选择的思考路径

1. 与创业者素质相符

创业目标应该与创业者的素质相符,例如创业的激情与信心、良好的独立性与人际关系、创新意识、冷静面对挫折的心理素质等。创业成功的路径不可复制。由于创业者个体差异、环境差异、市场差异、时机差异等,创业的结果都可能产生巨大差异。确定创业目标也一样,创业者必须根据自己的条件,根据自身所在的环境来确定。只有明确自己成功的方向再开始行动,才能促进创业的成功。

2. 目标的可实现性

首先,创业者的目标要尽量清晰明确、易操作和可实现。只有能够达成的目标才能称得上是真正的目标,才是有意义的目标。其次,创业者的目标要合理。目标的大小取决于制定目标时所处的地位。一个合理的目标不仅要远大、让人兴奋,还应可行、可及。再次,确立创业目标一定要深思熟虑,不能凭一时冲动而盲目开启创业。因为创业目标一旦确定,创业者就要为实现它而拼搏奋斗,并为此付出包括金钱、时间、精力、信誉等各方面的代价。

3. 目标与风险的协调

大多数创业者往往在开始时都只想到乐观的一面,如公司成立后几个月内盈利、如何收回资本等。但创业过程中充满着种种意想不到的困难与风险,因此,风险意识对于创业者来说是必不可少的。风险是指在一定环境下、一定时间内,影响目标实现的不确定性,或某种损失发生的可能性。也就是说风险的存在意味着创业目标也许会无法实现。要创业就一定要在风险和收益之间进行抉择与权衡,不能为了收益而不顾风险的大小,也不能因为害怕风险而放弃了目标。在了解了风险之后,创业者就要认真地分析创业过程中可能会遇到哪些风险;这些可能的风险中哪些是可以控制的,哪些是无法控制的,哪些是需要极力避免的,哪些是致命的;一旦这些风险出现,如何规避和化解。需要特别注意的是,创业者要清楚创业最大的风险是什么,最大的损失是多少,如果风险情况发生,自己是否有能力承担。创业者必须协调好创业目标与自身的风险承受力,可以根据实际需要不断调整自己的阶段性目标,但大的目标一旦确定就不能轻易改变。

二、创业孵化项目的确定

创业项目的选择是创业孵化中的重要环节。选准创业项目就等于成功了一半。反之则可能风险剧增,处处难为。但选好项目并不是一件易事。因此,创业项目的选择一定要慎重,一定要全面分析和评判。

(一)市场分析

准确的市场分析是选好创业项目的前提,可以为项目的市场定位、目标客户群体确定、产品定价、营销策略等提供决策依据。因为可靠的市场容量和增长速度可以为创业企业带来商机,反之也可能制约创业企业的发展,所以在选择创业项目时至少需要做好以下三个方面的分析。

1. 行业环境分析

行业环境分析能帮助创业者了解行业概况和预测行业发展趋势,并判断项目在未来市场中可能占据的地位和可能遭遇的市场竞争。行业环境分析有波特的"五力"分析(现有竞争对手、供应商、购买者、替代品、新进入者)、行业专家访谈、市场问卷调查、二手资料分析等不同的方法,都是对不同渠道来源的信息进行全面的分析和评估,以判断行业环境的现状与变化趋势。

2.目标市场分析

一个公司、一个项目不可能做到独占市场、做尽生意。因此,只要结合自身实际来选取最优的目标市场进行开发即可。如果项目的目标客户是个人消费者,应主要了解客户的年龄段、社会阶层、消费能力、消费意愿、消费习惯等;如果是单位客户,则需要了解其行业属性、区域分布、需求种类、需求数量、采购渠道、决策部门或决策者等。

3.竞争对手分析

知己知彼,方能百战不殆。对竞争对手的分析既有助于了解对手的竞争能力,又能学习竞争对手的长处。对手的市场份额是多少?产品优势、营销策略有哪些?其盈利状况、人才力量、生产能力、研发能力如何?供货渠道、主要客户有哪些?等等。只有掌握了竞争对手的关键信息,才能有针对性地进行自我分析和对策制定。

(二)财务评价

项目能否实现盈利和投资回报率高低是判断项目优劣的主要指标。毕竟创业的最终目的是盈利,是创富。因此必须通过财务分析和财务评价来选择创业项目。财务评价是对过去财务状况的总结分析和对未来财务状况的预测。对于拟孵化的项目来说,财务评价主要体现在对项目未来财务效果的预测上,即对损益表、现金流量表、资产负债表,重点对考察投资资本需求、资本支出维持水平、计划资本支出、计划折旧与摊销时间表、资产寿命、融资需求等进行预测。一般以3~5年为预测区间进行定量预测。

财务预测时,内部收益率是进行财务评价的一个重要指标,考虑到新事业开发可能面临的各项风险,合理的投资回报率(ROI)应在25%以上,低于15%则需要考虑另选项目。毛利率高的创业机会风险相对较低,也比较容易达到损益平衡。理想的毛利率一般在40%左右,不能低于20%。

此外,对于首次创业的大学生来说,建议避开重资产的项目。

三、创业孵化项目选择的注意事项

1. 从自身条件出发

在选择创业项目的时候,一定要从自身的条件出发,争取充分发挥自身的优势,想方设法弥补自己的短板,这样才能提高项目的可行性和可能性。

2. 从市场需求出发

选择创业项目不能只凭主观猜测,而要从实际的社会需要出发。作为一个创业者,必须要了解市场需要在哪里,需要是多少,将会有哪些竞争对手等,必须进行有效的市场调查。只有及时地关注市场的需要,把握市场的变化,提供令客户满意的产品或服务,创业才能成功盈利。

3. 从小做起

创业是高风险的投资,必须遵循量力而行的原则。从小的项目开始创业,成功率更高,也更符合创业成长规律。小项目由于创办成本和运营成本都较低,经营风险小,盈利能力有时反而更高。

4. 少说多做

虽然创业时需要经过认真思考,但方向一旦确定就应该积极采取行动。因为创业讲究时机,商机又常常转瞬即逝,因此不能犹豫不决或慢慢等待。尽管前方的问题和困难很多,但可以逐步解决,不要因此错失良机。

第三节 孵化项目的启动与生产服务

有条件的城市或高校往往会为创新创业者提供各种形式、各种规格的项目孵化器,也有一些专业风险投资机构所建立的孵化平台,为项目正式进入市场提供一个试错和对接外部创业资源的平台。入驻孵化器一般都需要申请和评估,并且需要遵照一定的规范和流程。

创业孵化器的四个基本特征如图6-5所示。大学生创业孵化园创业申请基本流程如图6-6所示。创业孵化器入驻申请流程如图6-7所示。

第六章 大学生创新创业项目的孵化

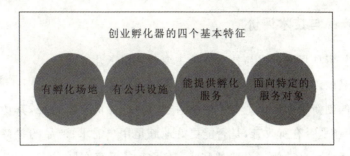

图 6-5 创业孵化器的四个基本特征

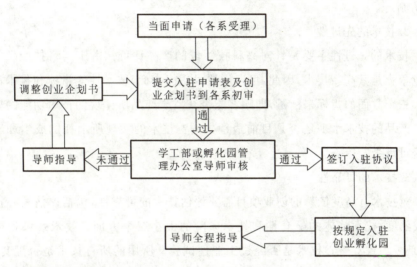

图 6-6 大学生创业孵化园创业申请基本流程

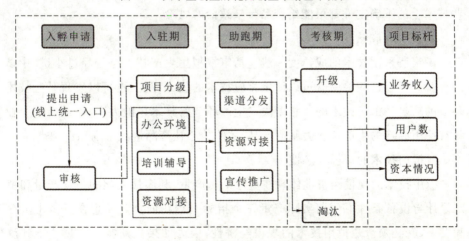

图 6-7 创业孵化器入驻申请流程

一、产品与技术评价

创业投资项目的产品与技术评价主要包括以下几方面。

1. 产品的创新程度及独特性

产品的创新程度评价主要考察相对于原有产品的创新情况,其功能是否有所增强,性能是否有所改善,是否能更好地满足用户需求;产品的独特性评价要看产品是否具有自己独一无二的特点,市场上是否存在同类产品,以及是否难以仿制。

2. 技术的先进性

技术的先进性主要是针对高科技领域的产品评价。由于高科技产品的核心竞争力是其高新技术,因此,可以用技术功能指标、技术性能指标和技术消耗指标三个方面的指标来衡量,即顾客能否获益于产品所体现的技术功能的先进性?产品的技术水平是否是目前最领先的?技术的实现所消耗的成本和频率是否可承受?等等。

3. 技术的可靠性

对技术有高度依赖的创业项目需要评估技术的可靠性,包括评估核心技术的成熟度、技术整体的配套性和技术风险的大小三个方面。技术效果是否稳定、是否一致?核心技术是否经过工业性试验?所用的所有技术是否配套、协调?技术是否存在不成熟、不完善的风险,是否很快被新技术替代?等等。这些技术上的不确定性都可能给产品带来致命的风险。

4. 技术的成熟度

考察所采用技术的成熟度一般包括审视拟用生产技术是否经过小试、中试的检验。通过这些检验既可以评价相应技术的优异程度,也可以发现某些技术环节的缺陷。由于技术的成熟度决定生产环节的技术风险大小,因此新创企业只有使用成熟的生产技术去制造产品,才能放心让产品进入市场和占领市场。

5. 拟用技术的规模经济性

拟用技术的规模经济性体现在盈亏平衡产量、利润最大化的最佳产量和特定设计与设备条件下预期实际产量三个指标上。新创企业要想在竞争中生存和发展,就必须清楚拟用技术的规模经济性,因为如果预期实际产量达不到盈亏平衡产量,企业就必然亏损;如果预期实际产量达不到最佳产量,那企业也将无法实现利润最大化。

6. 特定产品项目的投入要求和生产许可

如果是生产型企业,产品需要得到政府有关部门的生产许可。如果没有产品样品,是不可能得到政府有关部门的生产许可的。因此,此类企业还需要筹备一定的生产资金。

二、选择营销方式、经营地点和网络联系

要推动孵化项目的落地,需要恰当地选择营销方式、经营地点和网络联系。

1. 选择营销方式

营销方式是行业特点、企业特点、产品特点、用户特点的函数。创业者需要从本项目的具体特点出发,来选择恰当的营销方式。通常可以运用管理学、营销学的基本原理与方法分析新创企业的行业特点、企业特点、产品特点、用户特点,从降低产品由厂商到用户的交易费用出发,来选择适当的产品营销方式。

2. 选择经营地点

新创企业必须有自己合法的经营地点。选择经营地点时一般需考虑以下几点。

第一,企业所在行业特点及技术特点。一般来说,专业流通企业的区域选择应主要考虑同行聚集性及合理分布;生产企业的区域选择应注意考虑基于生产技术过程要求的就近配套原则和环境可控原则。

第二,不同地区的政策差异。由于不同地区的经济政策可能会有一定的差异,特别是企业审批、税收优惠和信贷优惠等方面,因此,创业者创办一个新的企业时有必要对不同区域的政策进行调研、分析、比较,从而选择一个对自己更为有利的经营地点。

第三,不同地区的文化差异。新创企业所处区域的文化也影响着新创企业的运行效率及创业成功的概率,对于新创企业而言,将企业设在创业文化浓厚的区域,也是十分重要的。

第四,不同地区的费用差异。创业企业选择经营地点时还必须考虑特定区域的费用压力,包括商业用房用地费用、人力资源成本、企业配套设施运行费用、交通运输费用,以及承担的区域性社会负担等。

第五,企业对外联系与用户光顾的方便性。企业设立在什么地方较为合

理、有利,还必须考虑企业对外联系的方便性,新创企业地点的选择必须使经营者感到方便,而地点方便,用户也会主动与厂商联系。

第六,对比多地、综合考虑。在特定条件下,前述某些要求之间可能是矛盾的,这就需要创业者能对比多地、综合考虑,以选择真正合适、满意的经营地点和场所。

3.选择网络联系

创业者一旦决定创业,就应注重建立必要的网络联系,即需要与未来的同行企业、配套企业、投资机构、用户等建立联系,需要与工商、税务、金融、科研、社团等机构建立联系。一般而言,这需要从企业的长期生存与发展的实际出发,充分考虑哪些组织与企业的发展紧密相关。新创企业往往资金周转困难,缺乏较强的竞争能力和企业运营经验,需要持续的技术支持,因此建立和维护与政府机构、金融机构、科研机构的广泛、密切的社会关系是新创企业建立网络联系的关键。

三、风险评估及退出方式

1.风险评估

专业的项目风险评估通常是指定性分析与定量分析相结合,分析与项目有关的各种不确定因素及其概率分布,并在项目多方案比较和选择的不同条件下分析出这些关键因素变化对项目投资效果所产生的影响。具体评估时需注意几点:

第一,以对技术和产品的评价为基础,即重点分析风险企业核心技术的含金量有多少,是否具有完全的自主知识产权,技术和产品的持续发展能力。

第二,对团队和管理的评价是关键,即重点分析创业者的素质,核心技术人员的稳定性,团队与企业利益的关联度以及管理的开放性等。

第三,以获取高额回报为目标,即重点分析企业无形资产价值、企业核心资产价值、风险投资退出渠道、资本增长倍数与回报率。

第四,注重对政策环境、人文环境等全方位风险因素的分析。

2.退出方式

创业投资的主要目的不是对被投资企业股份的占有和控制,而是在企业做大后将资产变现从而获取收益。因此,退出方式是创业投资家在评估项目时要考察的一个重要指标。对这一指标考察的重点是评估企业提出的退出依据是否可靠、最可能的退出方式及各种方式的可能性程度、合同条款中有无保护投资权益的财务条款及财产保全。

第四节 创业资源的获取与开拓

一、创业资源的内涵

资源是指任何主体在向社会提供产品或服务的过程中所拥有或所能支配的有助实现自己目标的各种要素以及要素的组合。创业资源就是指企业在创立以及成长过程中所需要的各种生产要素和支撑条件,是新创企业在创造价值过程中所需要的特定资产。Romanelli 研究认为:在拥有充足可利用资源的条件下,企业会得以顺利创建;环境中资源的可利用性将影响企业的生存和发展,同时也影响新创企业融入环境的能力。

二、创业资源的种类

根据资源基础理论,常用的创业资源主要有以下几种分类方式。

(一) 按资源的性质分类

创业资源按性质可以分为人力资源、财务资源、物质资源、技术资源和组织资源五种。

1. 人力资源

人力资源不仅包括创业者及创业团队的知识、训练和经验等,也包括团队成员的专业智慧、判断力、视野和愿景,甚至创业者本身的人际关系网络。创业者是新创企业最重要的人力资源,其价值观念和信念是新创企业的基石,其所拥有的人际和社会关系网络使其能够接触到大量的外部资源,降低潜在的创业风险。鉴于企业之间的竞争主要是人才之间的竞争,高素质人才的获取和开发是新创企业可持续发展的关键因素之一。

2. 财务资源

财务资源主要是指货币资源,即新创企业向债权人、权益投资者通过内部积累筹集的负债资金、权益资金和留存资金。对于创业初期的项目来说，一般以不高于市场平均水平的资本成本及时筹集到足额的财务资源为最低原则。

3. 物质资源

物质资源是创业和企业经营所需要的有形资源，如建筑物、设施、机器和办公设备、原材料等。

4. 技术资源

技术资源包括关键技术、制造流程、作业系统、专用生产设备等。技术资源大多与物质资源相结合，可以通过法律的手段予以保护，部分技术资源会形成组织的无形资产。

5. 组织资源

组织资源一般指企业的正式管理系统，包括企业的组织结构、作业流程、工作规范、信息沟通、决策体系、质量系统以及正式或非正式的计划活动等，其中，组织结构是一种能够使组织区别于竞争对手的无形资源。那些能将创新从生产功能中分离出来的组织结构会加速创新，能将营销从生产功能中分离出来的组织结构能更好地促进营销。

（二）按存在形态分类

创业资源按其存在的形态可以分为有形资源和无形资源。

有形资源是具有物质形态的、价值可用货币度量的资源，如组织赖以存在的自然资源以及建筑物、机器设备、原材料、产品、资金等。无形资源是非物质形态的、价值难以用货币精确度量的资源，如信息资源、关系资源、权力资源以及企业信誉、企业形象等。无形资源往往是撬动有形资源、使有形资源更好发挥作用的重要手段。

（三）按参与程度分类

按照资源在创业过程中的参与程度，创业资源可以分为直接资源和间接资源，如图6-8所示。直接资源是直接参与企业战略规划的资源，如财务资源、经营管理资源、市场资源、人才资源等。间接资源是不直接参与创业战略的制定和实施的资源，如政策资源、信息资源、科技资源等，它们对创业的影响更多在于提供便利和支持，对创业战略的规划起一种间接作用。

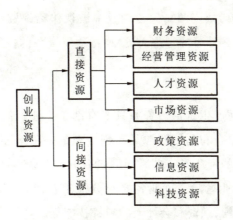

图 6-8　创业资源按参与程度分类

（四）按重要性分类

创业资源按照其对企业核心竞争力影响的重要性可分为核心资源与非核心资源。核心资源主要包括技术和人力资源。这些资源涉及新创企业有别于其他企业的核心竞争力，是创业机会识别、筛选和运用的主要依据。非核心资源主要包括资金、场地和环境资源。这些资源是新创企业成功创办和持续经营的基本资源。

（五）按来源分类

创业资源按其来源可以分为内部资源和外部资源。内部资源是创业者或创业团队自身所拥有的可用于创业的资源，如创业者自身拥有的可用于创业的资金、技术、创业机会信息等。外部资源来自外部机会的发现，是创业者从外部获取的各种资源，包括从政府、高校、朋友、亲戚、商务伙伴或其他投资者筹集到的投资资金、空间、设备或其他原材料等。内部资源的拥有状况（特别是技术和人力资源）会影响外部资源的获得和运用。

三、战略性资源

战略性资源是能够建立竞争优势的资源，是与普通资源相对应的资源。资源基础理论认为：当企业拥有并且利用具备以下特征的资源和能力时，企业就可以建立持久的竞争优势。

1. 稀缺性

资源的稀缺性是由供求不平衡产生的。如果一种资源不能被广泛获取或轻易获取,那就属于稀缺资源。通常创业中被视作稀缺资源的主要有:有优势的地段、被看作卓越领导者的管理人员、独特物质资源的控制权、某些行业的准入资格等。

2. 价值性

资源因为稀缺而产生价值。资源只要有助于企业提高效率和增强效果就具有价值性。充分整合和利用资源是新创企业的一项重要技能。在新创企业运作过程中,有价值的资源具有非常重要的作用,有助于创业者更好地利用环境中的机遇,降低创业风险。创业者要充分注重资源价值的挖掘,如财产、装备、人员以及诸如营销、融资和会计上的独特技能等。

3. 不可替代性

不能被其他资源所替代,我们称之为资源的"不可替代性"。拥有不可替代的资源对新创企业持久竞争力的形成和保持具有非常重要的意义。

4. 难以复制性

由于创业者的能力和其创业背景、个人特质紧密相关,人与人之间、企业与企业之间、人与环境之间的社会关系也非常错综复杂,因此创业者的初始资源、企业运用资源的能力、企业的持续竞争优势、企业的人力资源和组织资源等都难以复制。

获取和利用战略性资源,可以增强企业的竞争优势,因此新创企业应该不断控制、整合和充分利用战略性资源。

四、创业资源获取的途径和技巧

(一)创业资源获取的途径

获取创业资源的途径通常有市场途径和非市场途径两类。

1. 通过市场途径获取资源

通过市场途径获取资源的方式包括购买和联盟。比如厂房、设备、专利和技术等资源可以从市场购入。对一些难以或无法自己开发的资源,可以通过联合其他组织共同开发的联盟形式获取。联盟不仅可获取显性知识资源,还可汲取一些隐性知识资源。

2. 通过非市场途径获取资源

通过非市场途径获取资源的方式主要包括资源吸引和资源积累等。资源吸引是指发挥无形资源的杠杆作用,利用新创企业的商业计划、通过对创业前景的描述、利用创业团队的声誉来获得或吸引物质资源、技术资源、资金和人力资源等,尤其是隐性知识资源等。资源积累是指利用现有资源在企业内部通过培育形成所需的资源,主要包括自建企业的厂房、设备,在企业内部开发新技术,通过培训来增加员工的技能和知识,通过企业自我积累获取资金等。

资源获取不仅贯穿创业的全过程,同时对企业非常重要,尤其是在创始阶段。因此孵化项目要充分重视资源获取,并且要采用多种途径、多种方式获取不同资源。至于是选择通过市场途径还是非市场途径,则需要从获取的成本和难易度来综合考量。

(二)创业资源获取的技巧

为了及时足额并以较低的成本获得创业所需要的资源,创业者需要掌握一定的创业资源获取技巧。

1. 充分重视人力资源的获取

人力资源在创业资源中具有特殊的价值,对成功创业起决定性作用,因此创业者要充分重视人力资源的获取。创业者应尽可能通过创业团队建设和具有吸引力的权益分配来吸引和留住优质人力资源。

2. 以能用和够用为原则

创业者在筹集资源时应坚持能用、够用原则,避免投入不必要的资金和精力。

3. 尽可能筹集杠杆资源和多用途资源

在知识社会,具有独特创造性的知识是现代社会的高杠杆资源。对杠杆资源的合理利用,有助于创业者取得一定的杠杆收益,达到事半功倍的效果。而筹集具有多种用途的资源,可以帮助创业者应付创业过程中出现的意外。

第七章　大学生创新创业项目的落地

第一节　初创企业的选址

企业的选址是指企业在开业之前对经营地址进行论证和决策的过程。创业者要充分认识到企业地址选择对企业经营发展的重要性,对影响企业选址的诸多因素进行科学分析,掌握企业选址的策略与技巧。

一、初创企业选址的重要性

企业在创建、生存与发展过程中,除了要考虑企业的目标定位、团队管理和市场运营等因素外,还要选准地址。通常选址是企业一项长期的发展投资。企业选址直接关系到企业发展目标的实现,有时甚至会关系到企业的成败。

对于初创企业来讲,生产经营活动需要地址、人、财、物、信息、技术等元素,其中地址作为重要元素,具有长期性与稳定性的特点。而对于大学生创业孵化项目来说,由于创业的风险极高,通常不建议直接购置土地、厂房等重资产,即使是租用场地,也要考虑到场地租金和交通成本的问题。但如果是销量高度依赖人流量的营销型创业项目,即使租金可能相对较高,必要时还是要选择。而如果是科技转化型或生产型创业项目,选址对设施配备、生产经营产品或服务的成本以及管理费用等都将产生长期的影响。企业地址一旦确定,便不宜变动。因为变动企业地址将涉及企业租赁协议、已建与在建工程等问题,也涉及企业的人、财、物等资源配置的问题。因此,初创企业科学合理地选择地址,长远来讲可获得一定的长期收益。

二、选址决定企业的成败

初创企业选择的地址科学合理,企业将获得较好的经济效益,也将极大地影响企业生产经营的成本、效益和企业的未来发展与规模扩充。尤其是与消费者直接接触的服务型企业,选址就是选择消费者,其位置选择是否科学合理在很大程度上直接决定企业经营收入的高低,甚至企业的存亡。如果选择某一企业的产品或服务、价格与环境的潜在消费者数量不多,营业额不能实现企业盈亏平衡,企业退出就在所难免。

1.选址对实现企业经营目标和经营战略影响重大

好的经营地点是稀缺资源,意味着企业将拥有较高的营业额与利润。如果选址不当,企业的经营目标与战略将无法实现。那些劳动力或原材料成本较低的地方,一般被采取低成本经营战略的企业所选择;那些交通便利、地区或社区发展状况及未来发展规划较好的地方,一般被为消费者提供快捷服务的企业所选择。初创企业在制定经营目标与经营战略时,需要考虑的因素很多,其中包括对所选地址的研究分析与评估,从而为企业制定经营目标提供依据,并在此基础上按照消费者的构成及需求特点,确定营销战略。

2.选址对提升企业竞争力意义深远

初创企业的竞争力具有复杂性与多层次性,企业地址所在地区的商业环境质量深刻地影响着初创企业的持续竞争力,如企业所在地区的交通运输基础设施能否满足当下先进的物流技术需要,司法机关公平、公正、公开解决纠纷的能力能否满足企业正常有效的运营,社区文化与社会治安等商务环境能否助推企业竞争力的增强等。如果初创企业所选地址的所在地区已形成具有竞争力的企业集群,使得该地区具备其他地域竞争对手难以模仿的特性,那该区域竞争优势的独特性和集聚效应对初创企业商务环境的影响自然会比企业的地理位置对其的影响更为重要。

三、影响初创企业选址的因素

大学生创业孵化项目选择经营地点,一般要考虑具体地址的选择,包括商业中心、住宅区、路段、市郊等,主要考察交通、社区文化、商业环境、人口状况、消费群体、配套资源等因素。如果是科技转化型的创业项目,或者是生产型的项目,则需考虑为保障生产的环境安全、生产资料、路网、物流、劳动力成本等方面的因素。影响初创企业选址的因素包括以下方面。

1. 政治因素

创业者应重视对当地政府在市场发展、产业发展等方面相关规定的研究,一方面可以确认政府已经出台的法律法规对企业产品或服务、销售价格和营销策略等产生的直接影响和潜在风险,另一方面可以结合政府在不同时期发展产业的重点,充分利用其在场地、税收等方面所提供的优惠,这样可以在一定程度上降低成本,抢占市场先机。

2. 经济因素

经济因素决定了初创企业预选地区的购买力,一般反映在银行存款、消费者收入水平、家庭总收入等指标上,最直观的就是判断其周边的商业环境是否形成了具有竞争力的企业集群。初创企业地址选在与自身产品或服务相关联企业和相关联机构相对集中的地区是比较容易成功的,因为各企业间已经形成一种竞争与合作的商业伙伴关系,加上已经成熟配套的关联机构服务,将共同促进企业的高效运转,减少企业运营成本。

3. 技术因素

对于以科技研发与生产为项目方向的高科技孵化项目,选址时建议选在相关技术研发中心附近,如当地高新区、产业园等,以便及时了解和掌握国内外新技术发展变化的新规律、新特点和新趋势,避免技术本身进步的难以预测性和技术市场变化的不确定性对高科技初创企业造成影响。

4. 社会文化因素

选址所在地区的社区文化与商业文化会对企业产生一定的影响,比如会决定产品或服务目标消费群体的文化品位与消费心理,从而影响初创企业产品或服务的市场需求与市场拓展。

5. 人口因素

营销型的孵化项目要清晰了解消费群体的特点,如该地区的人口结构、人口数量,消费者的职业与收入状况,消费者的购买习惯、消费能力等。人口因素往往反映该区域的市场需求及市场容量。

常规门店选址的六要素如图 7-1 所示。

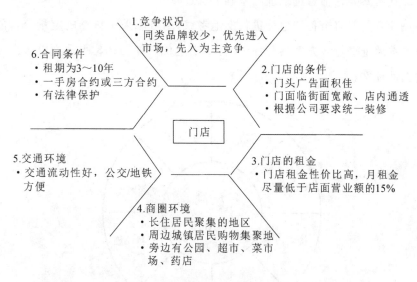

图 7-1 常规门店选址的六要素

四、初创企业选址的策略和技巧

1. 在收集与研究市场信息的基础上选址

市场信息对初创企业选址的影响是不可忽视的,决定着创业者能否正确地做出选址决策。依据影响企业选址的多方面因素,创业者可自己或借助专业的中介机构收集市场信息,并对收集的多方面市场信息进行定性与定量的科学分析,在此基础上进行科学选址。如图 7-2 所示为沃尔玛国际连锁超市选址标准。

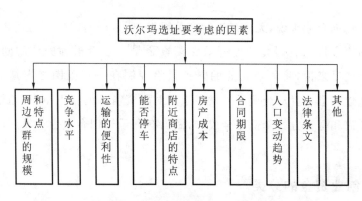

图 7-2 沃尔玛国际连锁超市选址标准

2.在考察与评估备选地址的基础上选址

创业者要对多个备选地址进行实地考察,尽可能采用科学的定量分析的方法对备选地址进行多方考察与评估,再从中选优。如图 7-3 所示为以客户为导向的选址标准。

图 7-3　以客户为导向的选址标准

第二节　初创企业启动资金的准备

一、创业融资的重要性

对于初创企业来说,无论是进行产品研发,还是产品的生产与销售,都离不开大量的资金投入。因此如何有效融集资金是创业者极为关注的问题之一。对于孵化项目来说,将创业企业的财务风险控制在一定范围之内是最为重要的。因此建议创业者从企业不同发展阶段对融资需求的特点出发,通过合理选择融资渠道和融资方式降低资金成本,做出有利于初创企业生存发展的科学融资决策。

二、创业资金的分类

创业资金按照不同的标准可以进行不同的分类,对创业资金不同种类的认识,有利于创业者估算和把握可能的资金需求。

1. 流动资金和非流动资金

流动资金是指占用原材料、在制品、库存商品等流动资产以及用于支付工资和各种日常支出的资金,一般可在一个营业周期内收回或使用。创业者在估算创业资金需求时需考虑其持续投入的特性,通常选择短期筹资的方式筹集。非流动资金是指用于购买机器设备、建造房屋建筑物、购置无形资产等的资金,占用的期限较长,通常需要1年以上的经营过程才能给企业带来经济利益的流入。因此创业者往往将其作为一次性的资金需求对待,并采用长期筹资的方式来筹集。

2. 投资资金和营运资金

投资资金是企业在筹办期间发生各种支出所需要的资金,包括很多方面,如筹建期间的流动资金;房屋建筑物、机器设备等固定资产的购置资金,购买或研发专利权、商标权、著作权等无形资产投入的非流动资金;以及人员工资、办公费、培训费、差旅费、印刷费、注册登记费、营业执照费、市场调查费、咨询费和技术资料费等开办费用等。

营运资金是企业从开始经营之日起到能够实现资金收支平衡为止的时间内所发生的各种支出所需要的资金,也称为营运前期资金。营运前期的资金投入一般主要是流动资金,既包括投资在流动资产上的资金,也包括用于日常开支的费用性支出所需资金。

在商业信用极其发达的今天,大多企业会采用商业信用的方式开展销售和采购业务。新创企业开办之初,产品或服务很难在短期内得到消费者的认同,短期内难以形成一定规模的销售额。规模较小且不稳定的销售额,以及赊销导致的应收款项的存在,往往使销售过程中形成的现金流入在企业开业后相当长的一段时间内无法满足日常的生产经营需要,从而需要追加对企业的投资,形成大量的营运前期支出。营运前期的时间跨度往往依企业的性质而不同,一般来说,贸易类企业可能会短于一个月;制造类企业则包括从开始生产之日到销售收入到账这段时间,可能要持续几个月甚至几年;对于服务类企业,其营运前期的时间会有所不同,从数月到数年不等。在很多行业中,营运资本的资金需求要远远大于投资资本的资金需求。对营运资金重要性的认识,有利于创业者充分估计创业所需资金的数额,从而及时、足额筹集资金。

三、创业融资难的原因

创业融资难的主要原因是新创企业的不确定性大、信息不对称以及资本市场欠发达等。

1. 新创企业的不确定性大

与既有企业相比,新创企业在融资方面有明显的劣势。首先,由于创业项目尚未实施或刚开始实施,其市场前景不够明朗,且多数创业者缺乏创业经验,因此企业盈利的稳定性较差;其次,由于企业创办初期一般来说规模较小,固定资产等有形资产的价值偏低,有效的可供抵押的资产较少;再次,由于新创企业的融资规模偏小,投资方的例行调查和事后管理工作的单位资金成本较高;最后,由于新创企业缺少以往可供参考的经营信息,投资者难以判断投资该企业的资金的安全性。

2. 新创企业和资金提供者之间的信息不对称

通常情况下,创业者对自身能力、产品或服务、企业的创新能力和市场前景等的了解会多于投资者,投资者处于信息的劣势地位,导致投资者犹豫不决。首先,创业者在融资时倾向于对创业信息进行保密,这会增加投资者对信息甄别的时间和成本,从而影响其投资决策;其次,新创企业的经营和财务信息具有非公开性,且大多不够规范,使得潜在的投资者很难了解和把握创业者和新创企业的有关信息;再者,现阶段多数投资者的投资态度趋于保守,对不熟悉的行业缺乏安全感,在选择投资项目时更为谨慎。

3. 资本市场欠发达

中国的资本市场与发达国家相比仍然不够完善,缺少擅长从事中小企业融资的金融机构和针对新创企业特点的融资产品和融资渠道,致使新创企业的融资受到一定限制,因此可供新创企业选择的融资方式有限。此外,由于没有形成全国统一的产权交易市场,且产权交易的成本较高,投资者在进行投资时更为谨慎。

四、创业融资过程

一般来说,创业融资过程包括融资前的准备、资本需求量测算、创业计划书编写、融资来源确定及融资谈判等五个方面的内容。

1. 做好融资前的准备

尽管新创企业融资较为困难,但创业融资是新创企业顺利成长的关键。因此,创业者一定要在融资之前做好充分的准备工作,包括了解融资过程、建立和经营个人信用、积累自己的人脉资源、学习估算创业所需资金的方法、了解获得融资的途径、熟悉商业计划书的结构和编写策略、提高自己的谈判技巧等。

2. 测算资本需求量

任何一家顺利经营的企业都需要基本的周转资金,如果筹集的资金不足以支持企业的日常运转,则企业会面临资金断流,进而导致破产清算。但也不是资金越多越好,因为资金的使用都是具有成本的,如果在资金使用过程中不能创造出高于其成本的收益,企业则会亏损。因此,创业者在筹集资金之前要能够运用科学的方法准确地计算资金需求量。表7-1为创业所需资金一览表,表7-2为企业启动资金预测表。

表7-1 创业所需资金一览表

产生时间	需求原因	资金需求的用途
企业成立前	注册资本	企业设立的注册资金
	设立登记	办理相关权证和营业执照的审批、登记等的费用
	办公条件	租赁、装修办公场所,购置办公物资、器材与相关用品
企业成立后	现金流	生产销售之前产生的现金流,如购买存货、生产场地租赁、产品/服务开发、员工招聘/培训
	生产设备设施	生产、运输、库存设施的购置、使用、维护费用
	产品和市场开发	产品/服务前期的开发、市场推广、品牌广告等

表 7-2 企业启动资金预测表

类别	项目	金额	备注(对主要费用及其他事项的说明)
固定资产购置合计			
开办费	工商注册、税务登记		
	市场调查、差旅、咨询费		
	培训费、资料费		
	各种许可证审批		
	购买无形资产		
	支付连锁加盟费用		
	其他费用		
	合计		
流动资金	生产成本、商品采购		
	场地租金		
	职工薪酬		
	办公用品费用		
	水电费、交通费用		
	其他费用		
	合计		
启动资金			

3.编写创业计划书

新创企业需要通盘考虑企业创办和发展的各个方面,编写创业计划书是一种很好的对未来企业进行规划的方式。通常,一份好的创业计划书会是成功融资的重要基础。创业计划书的目录可参考图 7-4 所示的模板。

1.0 执行摘要
　1.1 公司概况
　1.2 注册资金
　1.3 商业模式(盈利模式)
　1.4 投资收益评价
2.0 市场分析
　2.1 市场定位与目标客户
　2.2 市场预测(市场占有率)
　2.3 竞争分析
　2.4 项目SWOT分析
3.0 营销策略
　3.1 产品特征
　3.2 产品定价
　3.3 销售渠道
　3.4 宣传推广
4.0 人员与组织结构
　4.1 组织结构
　4.2 管理团队
　4.3 部门/岗位职责
5.0 财务分析报告
　5.1 固定资产:生产经营所需设备、工具和办公家具
　5.2 月原材料/商品采购成本
　5.3 月销售与管理费用预测
　5.4 启动资金需要
　5.5 启动资金来源
6.0 月利润预测
7.0 风险分析与对策
8.0 企业的愿景
9.0 附录
　9.1 附表1:经营第一年利润表
　9.2 附表2:第一年度的现金流量表
　9.3 创业计划书评估表

图7-4　创业计划书目录参考模板

4. 确定融资来源

确定了新创企业需要的资金数额之后,创业者需要进一步了解可能的筹集渠道以及各自的优缺点,权衡利弊,再根据筹资机会的大小以及创业者对企业未来所有权的占比,确定所要采用的最优融资来源。

现实生活当中,大多数的创新创业项目都需要主动地创造机会,多渠道地寻求融资,其中路演就是比较常见的方式。路演中99%的信息和清晰度都可以用各种工具来展示和实现,但往往打动投资者的正是路演者那1%的表现。因此,建议大学生进行路演的训练,以提高自身的综合素质和吸引风险投资的重要技能。图7-5所示为路演思维成长图。

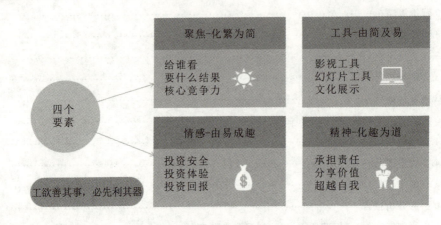

图7-5 路演思维成长图

5. 展开融资谈判

谈判是融资最重要的一环。对潜在的投资者可能提出的问题,创业者需要提前做出预测和相应的准备。谈判时表达要条理清晰,要抓住时机陈述重点,同时也要守住底线。建议在谈判前向有经验的人士进行咨询和学习,以提高谈判的成功率,得到最理想的谈判结果。

五、常见的创业融资渠道

融资渠道是指创业者筹集资金来源的方向与通道,体现资本的来源和流量。目前我国的社会资本提供者众多,为新创企业融资提供了广泛的资本来源。了解融资渠道的种类及其特点和适用性有利于创业者充分利用和开拓融资渠道,实现各种融资渠道的合理组合,有效筹集所需资金。

（一）私人资本融资

1. 个人积蓄

创业者的个人积蓄是创业融资最为根本的来源。几乎所有的创业者都向他们新创办的企业投入了个人积蓄。个人积蓄的投入对于新创企业的意义在于：第一，体现创业者对项目前景的信念；第二，保证创业者日后继续向企业投入时间和精力；第三，个人积蓄的投入是对债权人债权的保障。

2. 向亲友融资

向亲友融资也是创业融资的重要来源，在创业中起到重要的支持作用。特别是在中国，以家庭为中心，形成的以亲缘、地缘、商缘等为经纬的社会网络关系，对包括创业融资在内的许多创业活动产生着重要影响。在向亲友融资时，创业者必须按照市场经济的规则、契约原则和法律形式来规范融资行为，保障各方利益，减少不必要的纠纷。无论是借款还是投资款项，创业者最好能够通过书面方式将事情确定下来，同时要将日后可能产生的收益和风险告诉亲友，以避免将来可能出现的矛盾。

3. 天使投资

天使投资是自由投资者或非正式机构对有创意的创业项目或小型初创企业进行的一次性的前期投资，是一种非组织化的创业投资形式。在政府对"双创"的大力推动下，社会上已经出现不少风险投资的机构和公司，商业价值较高的孵化项目可以去争取。

（二）机构融资

1. 向银行借款

抵押贷款是指借款人以其所拥有的财产作抵押，作为获得银行贷款的担保。在抵押期间，借款人可以继续使用其用于抵押的财产。由于缺乏经营历史和信用积累，孵化项目通常比较难以获得银行的信用贷款。而不动产抵押贷款是较为常见的贷款方式，即用土地、房屋等不动产作抵押从银行获取贷款，较适合创业者。此外，由专业担保公司提供的担保贷款也是比较可行的渠道。目前各地有许多由政府或民间组织的专业担保公司，可以为包括初创企业在内的中小企业提供融资担保，像北京中关村担保公司、首创担保公司等，其他省、市、区也有很多此类性质的担保机构为中小企业提供融资服务。这些担保机构大多属于公共服务性非营利组织，创业者可以通过申请获取融资。

2. 向非银行金融机构借款

非银行金融机构是指以发行股票和债券、接受信用委托、提供保险等形式筹集资金,并将所筹资金运用于长期性投资的金融机构,包括经银监会批准设立的信托公司、企业集团财务公司、金融租赁公司、汽车金融公司、货币经纪公司、境外非银行金融机构驻华代表处、农村和城市信用合作社、典当行、保险公司、小额贷款公司等。创业者可以从这些非银行金融机构筹集生产经营所需资金。其中,小额贷款公司发放贷款时手续相对简单,办理便捷,当天申请基本当天就可以放款,能快速解决新创企业的资金需求,成为缓解小微企业融资难的新渠道。

(三) 交易信贷和租赁

交易信贷指企业在正常的经营活动和商品交易中由于延期付款或预收货款所形成的企业间常见的信贷关系,通常也称为商业信用。企业在筹办期以及生产经营过程中,均可以通过商业信用的方式筹集部分资金。如企业在购置设备或原材料、商品过程中,可以通过延期付款的方式,在一定时期内免费使用供应商的部分资金。

创业者也可以通过融资租赁的方式筹集购置设备等长期性资产所急需的资金。融资租赁是指实质上转移与资产所有权有关的全部或绝大部分风险和报酬的租赁。资产的所有权最终可以转移,也可以不转移。融资租赁是集融资与融物、贸易与技术更新于一体的新型金融业务。由于其融资与融物相结合的特点,出现问题时租赁公司可以回收、处理租赁物,因而在办理融资时对企业资信和担保的要求不高,所以非常适合中小企业融资。此外,融资租赁属于表外融资,不体现在企业财务报表的负债项目中,不影响企业的资信状况,对需要多渠道融资的中小企业非常有利。企业在筹建期,通过融资租赁的方式取得急需设备的使用权,解决部分资金需求,获得相当于租赁资产全部价值的债务信用,一方面可以使企业按期开业,顺利开始生产经营活动;另一方面又可以缓解创业初期资金紧张的局面,节约创业初期的资金支出,将用于购买设备的资金用于主营业务的经营,提高企业现金流量的创造能力。同时融资租赁分期付款的性质可以使企业保持较高的偿付能力,维持财务信誉。

(四) 风险投资的股权融资

风险投资是指由专业机构提供的投资于极具增长潜力的新创企业并参与

其管理的权益资本。投资对象主要是处于创业期的未上市新兴中小型企业,尤其是新兴高科技企业。对于创业者来说,如果所创企业符合风险投资家的项目选择标准,则风险投资是一种比较理想的融资方式。因为通过风险投资不但可以筹集资金,还可以得到风险投资家们比较专业的帮助和指导。但是,由于风险投资对目标企业的考察较为严格,一般来说只有2%~4%的企业最终能够获得融资。

此外,以网络众筹的方式进行融资也是初创企业可以考虑的渠道来源。

创业投资的三大定律

第一定律:绝不选取含有超过两个以上风险因素的项目。风险因素包括创业投资项目的研究开发风险、产品风险、市场风险、管理风险、创业成长风险等,如果申请的项目具有两个或以上的风险因素,则风险投资一般不会予以考虑。

第二定律:$V=P\times S\times E$。其中,V代表总的考核值,P代表产品或服务的市场大小,S代表产品或服务的独特性,E代表管理团队的素质。

第三定律:投资V值最大的项目。在收益和风险相同的情况下,风险投资将首先选择那些总考核值最大的项目。

(五)政府扶持基金

随着我国经济的发展,政府对创业的支持力度、支持额度以及产业的覆盖面都有了很大的提升。比如旨在扶持和引导科技型中小企业的技术创新活动的科技型中小企业技术创新基金;科技部的"863计划"、火炬计划等;财政部设有利用高新技术更新改造项目贴息基金、国家重点新产品补助基金;国家发展和改革委员会设有产业技术进步资金资助计划、节能产品贴息项目计划;工业和信息化部设有电子信息产业发展基金等,每年都会有一定数额的资金用于科技型中小企业的研发、技术创新和成果转化。通常,这些政府扶持基金会根据中小企业和项目的不同特点,提供如贷款贴息、无偿资助、资本金投入等形式的扶持。

此外,各省、市、区也为支持当地创业型经济的发展出台了系列扶持政策。创业者应结合自身情况,利用好相关政策,获得更多的政府基金支持,降低融资成本。

(六)知识产权融资

知识产权融资也是我国近年开始出现的一种融资方式,值得创业者关注。

1. 知识产权作价入股

2006年1月1日实施的新《公司法》第27条规定:"股东可以用货币出资,也可以用实物、知识产权、土地使用权等可以用货币估价并可以依法转让的非货币财产作价出资。"允许知识产权入股,明确"专利技术作为生产要素"的原则。新《公司法》规定,"全体股东的货币出资金额不得低于有限责任公司注册资本的30%",也就是说知识产权的出资比例最高可达到70%。以专利技术入股,首先须对专利的价值进行评估,然后专利权人依据设立公司的合同和章程到专利局办理专利权转移至被投资的公司的登记和公告手续,工商登记机关凭专利权转移的手续确定以专利技术入股的股东已履行股东投资义务。

2. 知识产权质押贷款

知识产权质押贷款是商业银行积极探索的中小企业融资途径。我国交通银行最近开办了知识产权质押贷款。可以用来向银行质押申请贷款的知识产权包括发明专利权、实用新型专利权和商标专用权三种。经过专业评估机构对贷款申请人的知识产权进行评估后,可以向银行申请评估价格15%~30%的贷款,贷款金额最多可达到1000万元,最长贷款期限为3年。2012年全国知识产权质押融资金额首破百亿元,达141亿元人民币,涉及专利数量3399件。

创业启动资金的常规来源如图7-6所示。

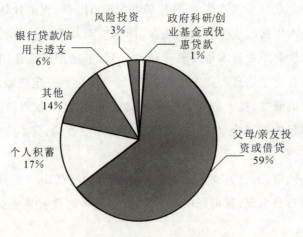

图7-6 创业启动资金常规来源

第三节 企业注册的法律流程

企业注册是指创业者根据国家法律法规相关规定获得合法经营手续的行为。为规范企业行为,保护企业及股东合法权益,维护社会经济秩序,促进社会主义市场经济发展,新企业必须经国家登记机关依法登记,领取营业执照。未经国家登记机关登记的,不得以公司或企业的名义从事经营活动。新企业注册流程包括名称核准、工商注册、办理营业执照、办理印章、代码登记、银行开户、税务登记、社会保险登记、商标注册。

企业注册流程如表 7-3 所示。

表7-3 企业注册流程

办理项目	所需材料	项目结果
签署(委托协议书)	联系人与联系电话	委托协议书
企业名称预审核	(1) 提供3~5个公司名称 (2) 经营范围 (3) 股东、法人身份证 (4) 注册资金与出资比例 (5) 联系电话与地址	名称预先核准通知书
工商登记	(1) 名称核准通知书 (2) 公司章程 (3) 其他材料	营业执照
刻章	营业执照复印件	公章、财务章等
组织机构代码登记	(1) 营业执照、公章 (2) 法人身份证	组织机构代码证与IC卡
税务登记	(1) 营业执照、组织机构代码证、公章、法人身份证 (2) 财务人员身份证、上岗证等 (3) 其他材料	税务登记证
开设基本户	(1) 营业执照、组织机构代码证、法人身份证 (2) 所有印章 (3) 其他材料	开户许可证

一、新企业名称核准

新企业名称通常是生产某类产品或提供某类服务企业的专有名称,是用文字形式表示的一个企业区别于其他企业或组织的特定标志。新企业名称应符合《企业名称登记管理规定》《企业名称登记管理实施办法》的相关规定。企业只准使用一个名称,登记主管机关辖区内不得与已登记注册的同行业企业名称相同或近似。申请企业名称预先核准时,应由创建企业的代表或其委托的代表人向登记主管部门提出名称预先核准的申请,并提交如下文件:

(1)有限责任公司的全体股东或者股份有限公司的全体发起人签署的公司名称预先核准申请书;

(2)全体股东或发起人指定代表或者共同委托代理人的证明;

(3)国家市场监督管理总局规定要求提交的材料。

二、新企业工商注册

工商注册是公司创立的第一步,也是公司经营合法的依据和保障,其注册程序略为烦琐。因此在进行工商注册之前,创业者应该把与公司注册有关的各部门负责的项目内容,以及注册的流程和规范了解清楚。

工商部门:核准公司名称及营业执照的办理。

质量监管部门:组织机构代码证的办理。

国税局、地税局:税务登记证的办理,如果发生纳税行为,可在其税务分局进行备案和办理。

银行机构:银行账户的开立、注册验资等。

了解清楚各负责部门的职责以后,就可以准备注册时应该提供的材料了,具体所需准备的材料如下:

(1)公司设立登记申请书,需由法定代表人签字并加盖私章;

(2)企业名称预先核准通知书以及验资报告;

(3)法定代表人信息表、股东的主体资格证明或自然人的身份证明复印件;

(4)公司章程,需由全体股东签字并加盖私章;

(5)房产证明及房屋租赁合同;

(6)公司股东出资信息表,其中非货币出资部分需提供财产转移证明。

如果公司的法人或负责人没有时间,或者不愿意去办理注册手续,可以选择委托他人办理,这个时候需要提供一份委托书,并由其本人签字或盖章,以证明被委托人具有办理手续的权利。

材料准备完全以后,就可以带着材料到各管理部门按流程办理注册的相关事宜。办理工商注册的流程如下(见图7-7):

(1)准备5个以上公司名称,到工商局领取并填写一张名称预先核准申请表,由工商局检索是否有重名,也可在工商局网站上进行网上核名。

(2)带上相关资料到银行开立验资账户,并存入资金,然后出具验资报告(根据现行商事登记办法的规定,该步骤或可省略)。

(3)整理并携带相关资料到工商部门办理营业执照,大概3个工作日后就可以领取并使用营业执照去刻制公章、财务章及合同章等。

(4)整理资料到质量监管部门和税务局分别办理组织机构代码证和税务登记证(税务局会要求提供会计资格证、身份证,所以需携带一名会计)。

(5)凭营业执照和组织机构代码证至银行开立基本账户和一般账户等,然后备案报税,并申请领购发票。

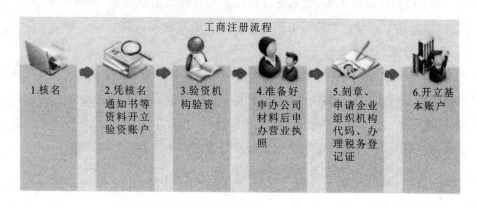

图7-7 工商注册流程图

在整个工商登记注册过程中,当完成验资手续后,经办人需回到工商部门办理登记并领取工商企业营业执照,其过程如下。

1.填写登记申请书并提交有关材料

申请人应当按照国家市场监督管理总局制定的申请书格式文本提交申请,

并按照企业登记法律、行政法规和国家市场监督管理总局规章的规定提交有关材料。涉及法律、行政法规和国务院发布的决定确定的企业登记前置许可项目的,申请人应当提交法定形式的许可证或者批准文件。

2. 缴纳出资

创业者登记有限责任公司,股东应当按期足额缴纳公司章程规定的各自认缴的出资额。股东以货币出资的,应当将货币出资足额存入有限责任公司在银行开设的账户;以非货币财产出资的,应当依法办理其财产权的转移手续。创业者登记股份有限公司,发起人应当书面认足公司章程规定其认购的股份,一次缴纳的,应即缴纳全部出资;分期缴纳的,应即缴纳首期出资。以非货币财产出资的,应当依法办理其财产权的转移手续。

3. 验资

在股东缴纳出资后,必须经依法设立的验资机构验资并出具证明。设立公司的验资证明应当载明以下内容:

(1) 公司名称。

(2) 公司类型。

(3) 股东或者发起人的名称或者姓名。

(4) 公司注册资本额、股东或者发起人的认缴或者认购额、出资时间、出资方式;以募集方式设立的股份有限公司应当载明发起人认购的股份和该股份占公司股份总额的比例。

(5) 公司实收资本额、实收资本占注册资本的比例、股东或者发起人实际缴纳出资额、出资时间、出资方式。以货币出资的须说明股东或者发起人的出资时间、出资额、公司的开户银行、户名及账号;以非货币出资的须说明其评估情况和评估结果,以及非货币出资权属转移情况。

(6) 全部货币出资所占注册资本的比例。

(7) 其他事项。

4. 审查与核准

股东的首次出资经依法设立的验资机构验资后,由全体股东指定的代表或者共同委托的代理人向公司登记机关报送公司登记申请书、公司章程、验资证明等文件,申请设立登记。在审查过程中,工商管理部门可以提醒和帮助申请者补齐各种要求的文件。对于文件不齐全的申请者,应说明理由,驳回申请。

公司登记机关对决定予以受理的登记申请,应当分情况在规定的期限内做出是否准予登记的决定。

5.颁发营业执照

营业执照是国家市场监督管理总局,省、自治区、直辖市和市、县市场监督管理部门核准登记的向工商企业颁发的合法凭证,具有法律效力。营业执照应当载明公司的名称、地址、注册资本、实收资本、经营范围、法定代表人姓名等事项。营业执照签发日期为公司成立日期。营业执照分为正本和副本两种。正本为悬挂式,用于企业亮证经营;副本为折叠式,用于携带外出进行经营活动。创业者可以根据需要,申请领取所需本数。

三、新企业办理印章、代码登记、银行开户、税务登记、社会保险登记

新企业领取工商营业执照后,还需办理其他相关手续,通常要办理印章、组织机构代码登记和银行开户等。

(一)新企业办理印章

新企业领取营业执照后,创业者需到所在地公安局特行科办理新企业印章,并向特行科提供相关文件,包括营业执照、法定代表人身份证明等。公安局审批后到指定的印章刻制单位刻制新企业印章。需要说明的是,企业的印章、企业牌匾、企业银行账户、企业信笺所使用的名称应与新企业在市场监督管理机关登记注册的名称相一致。

(二)新企业代码登记

我国实行组织机构代码管理制度,根据《全国组织机构代码编制规则》强制性国家标准,对境内每一个机关、团体和企事业单位颁发一个唯一的、始终不变的法定代码标志。

创业者应到当地质量技术监督部门申请办理组织机构代码证书,申请办理时需提供以下文件:

(1)企业单位提交企业法人营业执照或者营业执照及复印件;

(2)法定代表人、负责人身份证件及复印件;

(3)经办人身份证件及复印件,组织机构授权经办登记的证明。

（三）新企业银行开户

银行开户是新企业与银行建立往来关系的基础。依据我国相关法律规定，每个独立核算的经济单位都必须在银行开户，各单位之间办理款项结算，除现金管理办法规定外，均需通过银行结算。单位银行结算账户包括基本存款账户、一般存款账户、专用存款账户、临时存款账户，不同存款账户的功能及用途各不相同。下面分别介绍每种账户的开立。

1. 公司验资账户的开立

银行验资账户是公司注册验资期间为此而临时开立的银行结算账户，该账户在验资期间只收不付。经办人到银行领取开立验资账户的开户申请书、印鉴卡等一些银行表单，跟银行工作人员说明需要开验资账户，银行人员会协助准备全套资料，经办人只需提供必要的材料，具体如下：

（1）名称预先核准件及投资企业营业执照正本和法定代表人身份证复印件（一式一份）；

（2）授权书及被授权人身份证复印件；

（3）投资方企业基本资料、营业执照、税务登记证、组织机构代码证、法人身份证以及开户许可证；

（4）经办人身份证原件及加盖了私章的复印件两份。

建议经办人在条件允许的情况下，随身携带公司的公章，因为在开户的过程中，很有可能出现其他材料需要盖章的情况。验资账户里的资金都是由公司股东共同筹集的，其出资的方式有两种，一是以货币形式（人民币）出资，二是以实物（如汽车、房产）和知识产权等方式出资。前者只需在银行进行办理，后者则需要到会计师事务所、国家专利部门等进行价值鉴定，然后才能以其实际价值出资。

2. 公司基本账户开立

基本存款账户是办理转账结算和现金收付的主办账户，经营活动的日常资金收付以及工资、奖金和现金的支取均可通过该账户办理。基本账户的适用对象范围很广，具体如下：

（1）个体工商户、民办非企业组织和社会团体；

（2）企业法人和非法人企业；

（3）机关单位、事业单位以及单位设立的独立核算的附属机构；

(4）团级（含）以上军队、武警部队及分散执勤的支（分）队；

（5）异地常设机构和外国驻华机构；

（6）居民委员会、村民委员会以及社区委员会；

（7）其他组织。

开基本账户需要带上营业执照正本原件、法人代表身份证、组织机构代码证、公司财务章、法人章等材料，到验资银行进行办理。办理时根据银行工作人员的提示进行填表申请即可。

3.公司一般账户开立

一般账户是一般存款账户的简称，是指存款人因借款或其他结算需要而开立的银行结算账户。该账户可办理转账结算和现金缴存，但不可办理取现业务。从原则上来讲，只要是合法的企业法人都可以携带相关材料向任意银行申请开立一般账户，其所需的材料与开立基本账户的材料一致，并且只能在开立基本账户以后才能开立一般账户。抛开原则性理论，只从一般账户的特点出发，为了能真正有效地使用一般账户，建议具有以下情况的公司开立一般账户：

（1）存在借款和其他结算需要，在基本存款账户以外的银行取得了借款的公司；

（2）与基本存款账户的存款人不在同一地点的，不具有独立核算资格的附属单位；

（3）常涉及转账汇款，但是不需要经常办理取现业务的公司。

（四）新企业税务登记

依法纳税是每个创业者必须承担的社会责任。各类企业，企业在外地设立的分支机构和从事生产、经营的场所，个体工商户和从事生产、经营的事业单位，应当自领取营业执照之日起30日内，持有关证件，向税务机关申报办理税务登记。税务机关应当自收到申报之日起30日内审核并发放税务登记证件。申报办理税务登记的一般程序是：

（1）由纳税人主动提出申请登记报告，并提供营业执照，有关合同、章程、协议书，银行账号证明，居民身份证、护照或其他合法证件以及税务机关要求提供的其他有关证件、资料；

（2）如实填写税务登记表；

（3）税务机关审核后发放税务登记证件。

企业纳税流程如图 7-8 所示。

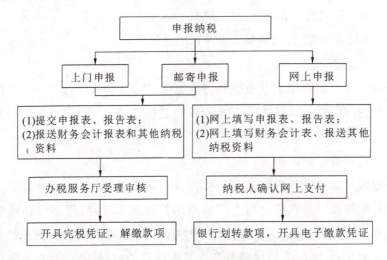

图 7-8　企业纳税流程图

（五）新企业社会保险登记

根据《中华人民共和国社会保险法》，新企业注册后必须办理社会保险。国家建立基本养老保险、基本医疗保险、工伤保险、失业保险、生育保险等社会保险制度，保障公民在年老、疾病、工伤、失业、生育等情况下依法从国家和社会获得物质帮助的权利。用人单位应当自成立之日起 30 日内凭营业执照、登记证书或者单位印章向当地的社会保险经办机构申请办理保险登记。社会保险经办机构应当自收到申请之日起 15 日内予以审核，发放社会保险登记证件。用人单位的社会保险登记事项发生变更或者用人单位依法终止的，应当自变更或者终止之日起 30 日内，到社会保险经办机构办理变更或者注销社会保险登记。

四、商标注册

商标是生产经营者在其生产、制造、加工、拣选或者经销的商品或者服务上采用的，区别商品或者服务来源的，由文字、图形或者其组合构成的，具有显著特征的标志。在公司注册成功后，还需要进行商标的注册，这样才能在销售产品、推行理念等过程中被客户轻松识别并记忆。

1. 商标注册的程序

商标注册的程序为：申请—审查—审定—注册。

2. 商标注册的条件

商标注册申请人必须是依法成立的企业单位、事业单位、社会团体、个体工商业者、个人合伙。符合条件的人或者企业应当向商标局提出商标注册申请。要想通过商标注册申请的审查，也需满足一些条件。

商标审查分为两步：第一步为形式审查；第二步为实质审查。

形式审查是对申请人资格的审查，包括：

(1) 申请人地址是否准确；

(2) 申请人名义、章戳是否与营业执照一致；

(3) 申请人要求核定的商品或者服务是否填写得具体、规范，分类是否准确，是否符合其经营范围；

(4) 通过代理的代理人委托书是否合乎要求；

(5) 商标及商标图样的质量、规格、数量是否合乎要求；

(6) 证件、说明是否完备；

(7) 商标注册申请费是否缴纳。

实质审查是对商标是否具备注册条件的审查。其审查内容主要包括：

(1) 商标是否具备法定构成要素；

(2) 商标是否违反了禁用条款；

(3) 商标是否具有显著特征；

(4) 商标与在先权利是否冲突；

(5) 商标是否与他人已经失效但没有超过一年期限的商标相同或者近似。

3. 商标注册需提供的材料

(1) 商标注册申请书、商标图样（商标设黑白墨稿）；

(2) 身份证复印件、个体工商户营业执照复印件；

(3) 委托商标代理机构办理商标注册申请，应按商标局统一制定的书面格式填写商标代理人委托书，明确委托事项，需委托人签字、盖章后方可生效。

企业商标注册流程如图 7-9 所示。

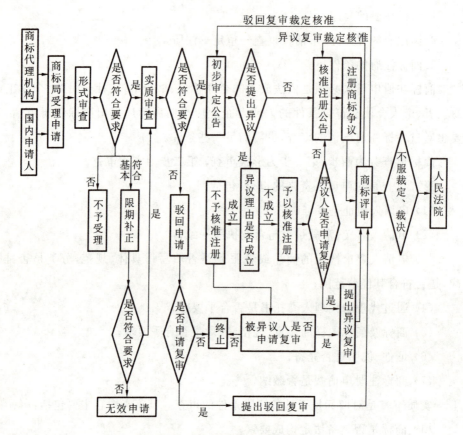

图 7-9 企业商标注册流程图

五、新企业股权设计

(一) 股权的内容和分类

股权是投资人由于向公民合伙和向企业法人投资而享有的权利。向合伙组织投资,股东承担的是无限责任;向法人投资,股东承担的是有限责任。所以虽然都是股权,但两者之间仍有区别。向法人投资的投资者的股权内容主要包括:

(1) 股东有只以投资额为限承担民事责任的权利;

(2) 股东有参与制定和修改法人章程的权利;

(3) 股东有自己出任法人管理者或决定法人管理者人选的权利;

(4) 股东有参与股东大会,决定法人重大事宜的权利;

(5)股东有从企业法人那里分取红利的权利;

(6)股东有依法转让股权的权利;

(7)股东有在法人终止后收回剩余财产等的权利。

向合伙组织投资的投资者的股权,除不享有上述股权中的第(1)项外,其他相应的权利完全相同。

一般情况下,从不同的角度出发,可以对股权做出不同的分类。

1. 根据股权设立目的划分

根据股权设立目的的不同将股权分为自益权和共益权,具体内容如下。

自益权是股东为保护自己的利益而行使的权利,如股息和红利的分配请求权、剩余财产分配请求权、新股优先认购权等。

共益权是指为股东的利益,同时兼具为公司的利益而行使的权利,如表决权、请求召集股东大会的权利、请求判决股东大会决议无效的权利以及账簿查阅请求权等。

2. 根据股权的行使是否达到一定的股份数额划分

根据股权的行使是否达到一定的股份数额,可以将股权划分为单独股东权和少数股东权,具体内容如下。

单独股东权是股东一人即可行使的权利,一般的股东权利都属于这种权利。

少数股东权是指持有已发行股份的一定比例以上的股东才能行使的权利。行使少数股东权的股东既可以是自己持股数达到一定比例的股东,也可以是其所持股份合并达到比例的数名股东。

(二)股权设计

合伙创业其实是一件非常复杂的事情,尤其是在利润分配上一定要做好,否则最后的结果就只能是分崩离析、不欢而散。在公司经营管理的过程中,最常见的矛盾可能非股权矛盾莫属了,为了尽可能地避免股权矛盾的产生,可以在权衡以下四个方面的基础上进行股权设计。

1. 事业为大

股权分配是"分天下"的制度设计,但是,只有先打下了天下,才有分天下的机会。因此,创业企业的股权配置应该有利于团结大多数人,群策群力把事业做好做大。否则,如果创业企业的事业做不起来,即使拥有100%的股份也只是一张废纸,甚至还有可能是100%的负债和义务。

2.资源配置

股权结构背后反映的是企业生存和发展可以对接的各种资源,诸如团队、技术、资本以及渠道等。因此,股权分配应有利于获得并使用企业发展所需的各种资源,实现财散人聚。

3.控制权

控制权主要包括创业团队与外部和内部资本控制权的分配。企业实现控制权最直接有效的方法是股权控制,但为了对接利用外部资源,创始团队的股权必然会持续被摊薄。在这种情况下,企业可通过投票权委托、一致行动人等方式实现控制权的掌握。

4.股权兑现

这主要是针对创始团队而言的,比如,某创始股东持有企业30%的股权,但干满一年就离职走人。如果允许这个已离职但不继续对企业做贡献的股东保留30%的股权,让其他留下来继续创业的团队成员辛辛苦苦为他打工,这既不合理,也不会得到允许。因此,对创始股东的股权设定股权兑现与离职时股权的回购制度就显得很有必要。

人都具有"趋利性",新公司在成立初期,就应该明确股权的分配,以避免公司发展后期因股权问题而出现纷争。只有股权得到了合理的分配,公司的成员才会"相安无事",公司也才能得到长远发展。

六、注册企业必须考虑的法律问题

1.知识产权保护法

知识产权是指人们对自己创造性的智力劳动成果所享有的民事权利,如专利权、商标权、著作权、商业秘密专有权等。知识产权法是调整知识产权的获取、利用和保护所涉及的社会关系的法律规范的总称。知识产权保护对新企业的作用体现在三个层面:

(1)使新企业的知识产权资源不受他人侵犯;

(2)知识产权的认定结果是进行产权交易,使新企业直接获取经济利益的重要资本;

(3)通过知识产权保护的实现,新企业获得经济利益,创业者的知名度也得到提高。

2. 商标专用权与商标法

商标是商业主体在其提供的商品或者服务上使用的，能够将商品或服务与其他市场主体提供的商品或服务区别开来的标志。商标是企业的无形资产，其价值体现在商标的独特性和为企业带来巨大的经济利益上。商标法是调整企业在商标注册与使用中出现各种问题的行为规范。商标法规定，自然人、法人或者其他组织对其生产、制造、加工、拣选或者经销的商品（提供的服务），需要取得商标专用权的，应当向商标局申请商品（服务）商标注册。注册商标有效期为10年，自核准注册之日起计算。注册商标有效期满，可申请续展。转让注册商标，转让人与受让人双方应签订转让协议，并共同向商标局提出申请，受让人应保证使用该商标的商品质量。注册商标专用权的保护范围仅限于核准注册的商标和核准使用的商品。

3. 专利权与专利法

专利权是权利人对其获得专利的发明创造（发明、实用新型或外观设计），在法定期限内所享有的独占权或专有权。专利法是调整因发明创造的产生而引起的发明人与使用发明的人之间，发明人与其所属单位之间，发明人与发明人之间，在支配和使用该发明创造的问题上所产生的各种社会关系的行为规范，其实质是依照法律确认和保护发明创造的产权。我国专利的类型有发明专利、实用新型专利和外观设计专利。申请发明或者实用新型专利的，应当提交请求书、说明书及其摘要和权利要求书等文件。申请外观设计专利的，应当提交请求书以及该外观设计的图片或者照片等文件，并且应当写明使用该外观设计的产品及其所属的类别。发明专利权的期限为20年，实用新型专利权和外观设计专利权的期限为10年，均自申请日起计算。

4. 著作权与著作权法

著作权也称版权，是指作者对其创作的文学、艺术和科学作品依法享有的权利。著作权包括发表权、署名权、修改权、保护作品完整权、复制权、发行权、出租权、展览权、表演权、放映权、广播权、信息网络传播权、摄制权、改编权、翻译权、汇编权以及应当由著作权人享有的其他权利等。对著作权的保护是对作者原始工作的保护。著作权法是指国家制定或认可的，调整由文学、艺术和科学作品产生的社会关系的法律规范的总和。著作权法的立法目的是既要保护著作权人的合法权利,又要维护社会公众对作品正当合理的使用,以鼓励优秀作品的创作和传播。

我国实行作品自动保护原则和自愿登记原则,即作品一旦产生,作者便享有著作权,登记与否都受法律保护;自愿登记后可以起证据作用。国务院著作权行政管理部门主管全国的著作权管理工作;各省、自治区、直辖市人民政府的著作权行政管理部门主管本行政区域内的著作权管理工作。著作权的保护期限为作者终生及其死后 50 年。我国根据著作权法,制定了《计算机软件保护条例》,在该条例中,计算机软件是指计算机程序及其有关文档,属于著作权保护的作品范畴。

第四节 企业的人力资源管理

一、新企业如何进行人才招聘

(一)招聘原则

人力资源部工作流程如图 7-10 所示。在招聘的过程中,遵循一定的原则有利于为公司寻找到更为适合的人才,避免出现资源浪费的情形。

1. 坚持客观公正

负责招聘的部门或者工作人员在进行招聘时,应遵循客观公正的原则,从而选拔出真正适合公司需求的人才,具体做法如下:以事实为基础,用理智的逻辑思维和判断力去甄选人才;不能凭个人的好恶决定是否选择应聘人员,必须做到不偏不倚、客观公正。

2. 注重德才兼备

虽然能力是选拔人才的重要指导因素,但是也不能因此而忽视了对品德修养的考察。从长远考虑,公司在人才招聘过程中,对人才的选择应尽量保持如下的顺序。

(1)优先选拔有才有德之人。这样的人才不仅能对公司做出实际贡献,而且基本上不会做出不利于公司的事情,与同事也能友好相处,不会从中挑事。

(2)择优选拔有德无才之人。这类人才或许不会对公司有大的贡献,但是

第七章 大学生创新创业项目的落地 · 103 ·

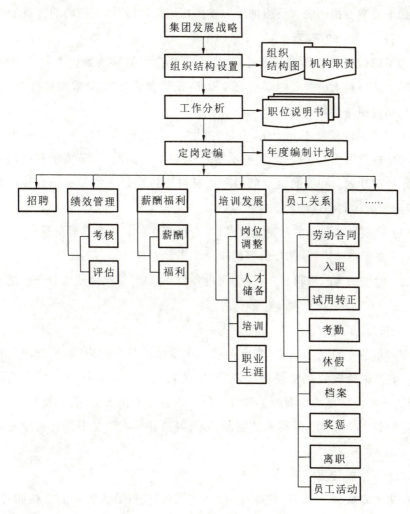

图 7-10 人力资源部工作流程(总图)

品德得到了保证,不会做出损害公司和他人利益的事情。

(3)根据情况选择有才无德之人。如果公司管理者有信心可以管理好这类人才,能将其掌控,在特殊的时候也是可以选择招聘此类人才的。不建议选择无才无德之人。

3.适当回避原则

任人唯贤应该成为公司选拔人才的基本方针。对公司现有员工介绍的人员,公司在充分考察的基础上认为的确值得录用,那么是可以选取的。需要注意的是,与被荐举人有关联的员工在招聘过程中应予以主动回避,不仅如此,还要做到不对参与招聘的人员施加压力或变相贿赂,以致影响招聘的客观公正。

(二)新公司的招聘程序

为了确保招聘工作的顺利进行,也为了让公司能够得到优秀人才,公司负责招聘的部门和人员需要制订相关的程序,使招聘能有序、有效地进行。

1.制订招聘计划

虽然常说计划赶不上变化,但是针对人才招聘还是应该制订相应的计划。当公司出现空缺的工作岗位时,有必要根据职位的类别、人员需求和时间等因素确定招聘计划。相关的负责部门和人员可以按照以下的步骤来开展招聘活动,以便招聘计划得以顺利实施:

(1)确定待聘职务的数量、类型以及对候选人的具体要求等信息;

(2)根据招聘需要,选择恰当的招聘渠道和方式;

(3)通过适当的招聘媒介,向公司内外公开招聘,鼓励那些符合条件的候选人积极应聘。

2.进行简单的初选

招聘信息一旦公布出去,肯定会吸引不少的人员参与应聘,招聘部门和人员将应聘者的资料收集整理齐全以后,应该对其进行初步筛选。在筛选过程中,招聘人员应尽可能详细地了解每一位应聘者的工作态度、能力及其他情况,发现他们的兴趣、观点、见解和独创性等,及时排除那些明显不符合岗位基本要求的人。

3.能力考核,选取合格人员

在初选完成的基础上,需要对剩余的应聘者进行更为细致的审核和考评。考核的重点不外乎是前文所提到的几项能力,具体方法如下:

(1)准备一些"陷阱"问题,通过候选人对这些问题的回答,测试其思维能力、判断能力及观察分析复杂事物的能力等。

(2)通过考试的方法测评候选人是否具备待聘职务所要求的基本技术知识和管理知识。缺乏这些基本知识,候选人将无法正常进行工作。

(3)发表演讲,这是对知识与智力测试的一种补充。候选人发表竞聘演讲,谈论自己任职后的愿景和规划,以此来考核其表达能力。

(4)问题答辩,让候选人就选聘的工作人员或其他候选人员的提问进行答辩,为其提供充分表现自我和展示才华的机会。这也是考核候选人应变能力的一种方式。

4. 招聘结果的反馈

在完成招聘程序中的各项工作的基础上,需要对招聘的结果进行一系列的处理,具体做法如下。

(1) 运用一定的方法(常采用加权法),计算出每个候选人知识、智力和能力的综合得分。

(2) 根据其应聘职务的类型和具体要求决定是否予以录取。对于决定录用的人员,应将名单交由上级主管,由其考虑是否需要亲自面试一次。

(3) 与应聘者进行一次总结沟通交流,并确定应聘者的真实意愿,然后做出最终决定。

在此之后,招聘人员应对整个招聘流程进行全面检查和评价,并对录用的新员工进行追踪分析。通过对新员工的评价,可以检查原有招聘工作的成效,同时应总结招聘过程中的成功与失败之处,将其及时反馈到招聘部门,以便于招聘工作的改善和进步。

5. 聘用合同的签订

签订合同是合同双方动态行为和静态协议的统一。录用新员工以后,首先需要做的事情就是签订劳动合同,这不仅保证了公司合法使用劳动力的权利,也使得员工的合法权益得到了基本保证。按合同期限分类,签订的合同存在四种不同的形式,具体内容如下:

(1) 短期合同:期限在1年以内的合同。这种合同的内容通常更具体和明确,有利于合同的落实和执行,所以有时也称之为"执行合同"。

(2) 中期合同:期限在1年以上3年以内的合同。

(3) 长期合同:合同期限一般在3年以上。

(4) 项目合同:以项目的完成时间为期限,项目完成之日,就是合同到期之时。

在签订合同时,当事双方需要遵循自愿原则、公平原则和诚实守信原则,只有在此基础上签订的合同,才是有效的合同。在签订合同的时候,应聘者需要准备相关的材料,一般包括原单位离职证明原件(初次就业者不需要提供)、员工个人情况表、一寸免冠照片、培训证明、身份证原件及复印件、学历学位证明复印件及其他相关证明材料的复印件等。

二、员工的培训

(一)入职培训

新员工入职后,为了让其了解公司概况、规章制度、组织结构,使其快速掌握工作内容、适应工作环境,首先需要对新员工进行入职培训,企业新员工培训流程如图 7-11 所示。

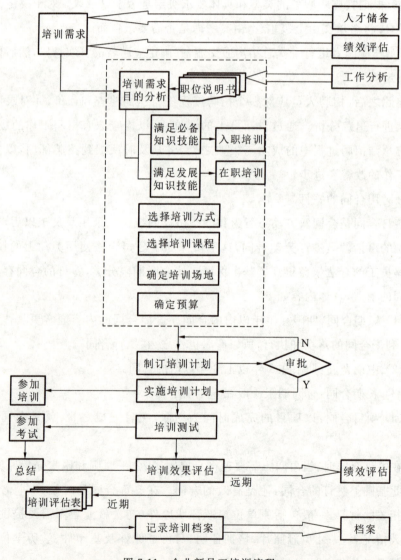

图 7-11 企业新员工培训流程

1. 明确培训目的

在制订培训计划之前,首先需要明确新员工入职培训的目的:

(1) 减少新员工的压力,鼓励新员工的士气,缓解其焦虑情绪;

(2) 减少启动成本,使新员工迅速投入工作,降低离职率;

(3) 让新员工了解公司历史、政策、企业文化;

(4) 让新员工了解工作岗位信息、自己的工作职责以及公司的期望;

(5) 缩短新员工在工作中达到熟练精通程度的时间;

(6) 帮助新员工适应工作群体和规范,加强团队凝聚力;

(7) 培养新员工解决问题的能力,鼓励其形成积极的工作态度。

2. 制订培训流程

为了达到培训目的,需要制订合理的培训流程:

(1) 迎接新员工并向公司其他员工进行介绍;

(2) 为新员工指定资深员工作为向导,由其在试用期内进行新员工指引;

(3) 指定新员工的办公场所,帮助其领取办公用品;

(4) 给新员工准备培训资料,让其熟悉部门业务,并布置任务。

3. 安排培训内容

在入职培训时,公司领导和资深员工需要有针对性地向新员工介绍公司情况,其具体内容如下:

(1) 介绍公司历史、文化、业务情况、组织结构、各部门职能和行业概况等;

(2) 介绍工资体系,例如何时是发薪日、如何发放、业绩评估方法和绩效考核制度,介绍员工手册、公司福利体系,包括补助、提成、健康保险、休假、病假和报销等;

(3) 介绍职业发展的信息,如潜在的晋升机会、如何获得职业资源信息等;

(4) 介绍沟通交流机制及方式、转正及业务办理流程;

(5) 介绍着装规范、卫生制度、值班及各种奖励与处罚方法等;

(6) 介绍公司识别卡、电子邮箱账户的获取、计算机密码及办公用品的领用规则等。

(二) 制订培训计划的基本原则

培训计划是公司从自身整体的战略决策及培训目的出发,在全面、客观的培训需求分析基础上做出的一系列有关培训的预先设定。培训计划包含培训时间、培训地点、培训者、培训对象、培训方式和培训内容。根据计划从实施到完成所需的时间进行划分,可以将计划分为长期计划和短期计划两种形式。不管哪种形式的培训计划,都应同时满足公司和员工两方面的需求。为了这一目标的实现,在制订计划的过程中,可以按照以下原则开展工作。

(1) 公司在制订计划的过程中,应根据受培训员工的差异性制订相应的计划。

(2) 争取得到公司最高管理层和各部门主管对各项具体培训计划的支持,尤其是对学员培训时间的支持。

(3) 采取一些积极性的措施提高培训效率,注重培训细节和培训的实效性。

(三)制订培训计划的步骤

1. 确认培训预算

在制订计划之前,公司需要确认能用于培训的预算有多少。否则,在不确定经费是否足够的情况下,制订任何培训计划都毫无意义。通常培训预算都是由公司决策层决定的,在中小型的新公司,人事部也应该通过向决策层呈现出为培训投资而做的"建议书",说明公司为什么应该花钱培训,公司将得到什么回报。在不同行业,公司的培训预算的差异可能很大,但通常外资企业的培训预算为营业额的1‰~1.5‰。人事部需要管理的是使培训预算被有效地使用,并给公司带来效益。

2. 通过评价体系讨论培训需求

在制订计划时,公司的评价体系应该要求管理者和员工讨论个人的培训需求,并对其评价数据进行充分分析。如果公司的评价体系做不到这一点,说明公司的评价体系不够科学,需要改善这一功能。通常,评价体系是关于"谁还需要培训什么"的主要信息来源,有时也会为了新的质量或生产系统的运用实施而进行全员培训。公司人事部的职责是收集所有的培训需求,有时可能会被部门经理要求提些建议,指出目前有什么类型的培训最适合部门经理的下属员工。

3. 确定培训课程

在收集并整理好需要的培训信息以后,就可以根据培训需求,列出一个清单,上面列明用来匹配培训需求的所有种类的培训课程。在遇到总培训需求量将超出培训预算的情况下,需要进行先后排序,决定哪些课程必须保留,而哪些课程可以舍弃。此情况出现时,最好的办法就是先与部门经理沟通协商,了解清楚哪些培训课程是极有可能对参训员工的绩效产生积极影响的,进而提升公司的总体成绩。

如果某些有需求的培训课程无法得到安排,那些被要求更改需求的员工应该得到一定的补偿,人事部应考虑是否有任何其他方式来满足其需求,例如通过岗位传帮带或者轮岗去完成知识传递。

4.寻找培训师

在确定培训课程清单后,就需要寻找培训讲师了。对于讲师的选择,可以在内部确定,也可以到外部寻找。使用内部讲师可以降低培训成本,因为内部讲师更了解公司的现状和流程。如果公司内部无法找到适合讲某个课程的讲师,就需要寻找外部讲师。对于许多类型的管理培训,尤其是高管培训,外部讲师比内部讲师往往具有更高的可信度。

5.分发课程表准备培训

当培训计划的主体部分已整装完毕,就只需要把课程表分发给将要接受培训的员工,同时告知准确的培训时间,并做好培训的后勤保障即可。

(四)制订培训计划的注意事项

既然下功夫制订培训计划,那么就应该让其发挥最大的效用。制订培训计划应注意以下事项。

1.让员工参与

让员工参与设计和决定培训计划,可使课程设计更符合员工的真实需要,并且增加他们对培训计划的兴趣,使培训效果得到提升。

2.让管理者参与

各部门主管对部门内员工的能力更为了解,自然比负责制订培训计划的人员更清楚员工需要何种培训,他们的参与和支持对培训计划的成功有很大的帮助。

3.合理安排时间

在制订培训计划时,必须准确预测培训所需的时间及该时间内人手调动是否有可能影响组织的运作。编排的课程及培训方法必须严格依照预先拟订的时间表来执行。

4. 控制成本

能否确保经费的来源和能否合理地分配和使用经费,不仅直接关系到培训的规模、水平及程度,也关系到培训讲师与学员能否以好的心态来对待培训。

三、绩效管理

绩效管理能促使公司良性发展。绩效考核是指公司在既定的战略目标下,运用特定的标准和指标,对员工的工作行为及取得的工作业绩进行评估,并运用评估的结果对员工将来的工作行为和工作业绩产生正面引导的过程和方法。

(一)绩效考核的作用

所有的行为都是伴随着某种目的而产生的,绩效考核制度亦如此,它的存在就是为了实现公司的各种"企图"。

1. 达成目标

绩效考核本质上是一种过程管理,而不是仅针对结果的考核。它是将中长期的目标分解成年度、季度或月度指标,不断督促员工实现、完成的过程。有效的绩效考核能帮助公司达成目标。

2. 挖掘问题

绩效考核是一个不断制订计划,执行、检查、处理的循环过程,包括绩效目标设定、绩效要求达成、绩效实施修正、绩效面谈、绩效改进和目标再制订。这也是一个不断发现问题和解决问题的过程。

3. 分配利益

不与利益挂钩的考核是没有意义的。员工的工资一般都会分为两部分,即固定工资和绩效工资。而绩效工资的分配与员工的绩效考核得分息息相关,所以一提起考核,员工的第一反应往往是绩效工资的发放标准。

4. 促进成长

绩效考核的最终目的并不是单纯地进行利益分配,而是促进公司与员工的共同成长。通过考核可以发现各自存在的问题并进行改正,找到差距并进行提升,从而达到双赢的效果。

如图7-12所示为企业绩效管理考核的常规流程。

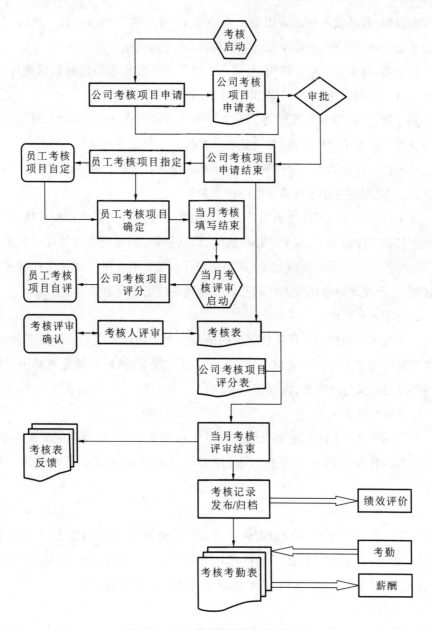

图 7-12　企业绩效管理考核常规流程

（二）建立绩效考核制度

绩效考核制度推行由无到有，往往会经历以下四个阶段。

形式期：考核以考的形式出现，考核结果可以不与绩效工资挂钩，主要目的是让各级管理人员找到考核的感觉，掌握考核的方法。

形成期:对绩效考核的运用渐渐得心应手,考核模式初步形成。此时的考核也开始与绩效工资、利益及晋升等挂钩,真正进入实际操作阶段。

习惯期:基本上一到考核周,公司由上至下会自发地进行考核数据统计,一旦涉及员工薪酬调整、晋升等,先以过往的绩效数据为依据。

文化期:此时绩效考核已与公司文化深深地融合在一起,成为公司不可缺少的要素。员工希望被考核,公司呈现一种公平竞争的平等氛围。

对考核制度的运用一定要恰当,不能陷入误区,否则,不但不能使制度发挥其应有的作用,还可能造成其他的困扰和麻烦。

在实行绩效考核制度之前需要对公司的管理层进行一次调整和考核,考核的内容包括工作的态度、技能、效率、成绩、团队意识、沟通能力和员工印象等方面。只有先将管理层考核清楚了,调整到位了,员工才会相信绩效考核制度的权威性,才会主动配合相关工作的开展。开展考核工作应遵循以下原则。

1.公平公开原则

公平是确立和推行人员考核制度的前提。考核的结果应对当事员工公开,不仅可以使员工了解自身的情况,并做出相应的改变,还可以防止考核中可能出现的偏见以及种种误差,以保证考核的公平与合理。

2.严格客观原则

考核不严格,不仅不能全面地反映员工的真实情况,还会产生负面影响。考核的严格性包括明确的考核标准、严肃认真的考核态度和严格的考核程序等。

3.直接考评原则

对各级员工的考评,应由被考评者的直接上级进行,相对间接上级(即上级的上级)来说,直接上级是最了解被考评者的实际工作表现(成绩、能力、适应性)的人,对直接上级做出的考评评语,间接上级不应擅自修改。

4.差别原则

考核等级之间应有鲜明的差别界限,针对不同的考评评语,需要在工资发放、职位晋升等方面体现出相应的差别,从而使考评起到刺激作用,激发员工的上进心。

第五节　初创企业的市场营销

一、市场需求和竞争分析

如图 7-13 所示为市场营销流程梳理。新创企业要想在市场中取得地位,就必须对市场以及市场需求进行调查,进而对市场有一个全面的了解。

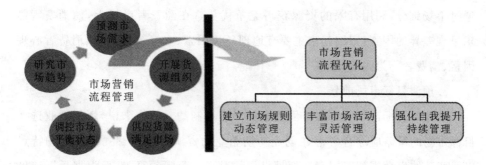

图 7-13　市场营销流程梳理

1. 竞争环境分析

在创业计划的编制过程中,应该全面分析来自各个方面的竞争。市场犹如战场,必须做到"知己知彼",才能"百战不殆"。市场上的竞争实际上就是竞争对手之间的竞争,包括在产品质量、价格、服务等各方面的竞争。为了有效地分析竞争对手,首先要确认谁是自己的主要竞争对手,然后充分了解竞争对手的情况,对其进行系统认真的分析,判断他们的目标和策略,分析他们的能力、优缺点以及竞争对手的自我评估等。对竞争对手的分析大致从五个方面进行:

（1）确认竞争对手（直接和间接的竞争对手,本地区和非本地区的竞争对手）;

（2）竞争对手的目标是什么;

（3）竞争对手的自我评估情况如何;

（4）竞争对手的策略是什么;

（5）竞争对手的能力及优缺点分析。

在分析过程中,可以结合新创企业的情况确立自身的竞争优势。

2. 对市场进行细分

所谓市场细分,就是把潜在的顾客按某种特点加以分类。了解和分析公司市场经营的外部环境是新创企业做出经营决策的前提和基础。在一般情况下,新创企业能力有限,必须通过市场细分来选择自己最终要服务的消费者。市场细分实际上是一种市场分析手段,它是根据消费者对产品的不同欲望和需求、不同的购买行为和购买习惯,把整体市场分割成不同的小市场群。市场细分的目的在于从中选择目标市场,以便针对目标市场开展公司经营。通过细分有助于企业发掘市场机会,进而开拓市场。尤其是创业初期,企业的实力不足,可以通过市场细分,利用有限的资源获得竞争优势。在消费者市场上,使消费者需求呈现差异的因素,归纳起来主要有地理环境因素、人口统计因素、消费者心理因素、消费者行为因素等。

3. 预测目标市场前景

企业的目标市场受到多方面因素的影响和制约。具体来说,新创企业选择目标市场的策略应综合考虑在创业初期企业的资源能力、产品特点、市场特点以及产品的生命周期等因素。根据以上情况建立营销预算,然后根据预算结果及创业者对竞争的分析,综合预测所有的营销、销售决策对市场的影响。

下面列出了 Leonard(2003)总结的创业营销的十大教训:

(1) 产品定位和瞄准目标细分市场是核心决策;

(2) 市场测试能够最真实地显示出市场对产品和服务的反馈;

(3) 定价应该能使产品生命周期的利润总额最大化;

(4) 公共关系活动比花钱做广告更能获得知名度和信任度;

(5) 预期并管理渠道冲突——逃避意味着你错过某些渠道;

(6) 在公司创立早期,营销对融资的影响超过了对销售的影响;

(7) 聘用最好的人才是物有所值的——采用种种策略来吸引潜在的雇员;

(8) 应该谨慎地运用事件营销和销售促进,避免伤及企业在目标市场上的主要服务;

(9) 应该对各种广告方案进行测试和评估——不要在各个创意之间摇摆不定;

(10) 产品定位和瞄准目标细分市场是核心决策(不错,这是第二次提到)。

二、产品目标市场的确立

市场定位和市场细分是决定新创企业成功运作与否的真正核心。市场定位是指如何让一种产品或服务在竞争中被目标市场所感知。市场细分则回答这个问题:我的目标市场在哪里?新创企业一般从一种产品或少数相关产品做起,找到这类市场定位和市场细分问题的答案并不容易,但对企业的成功意义非凡。在进行目标市场的选择时,需要考虑下面几个重要的问题。

首先,如果一个企业能够将目标市场确定在对其提供产品的评价高于其竞争对手,他就能够获得更多利益,包括更好的价位、更高的利润、更满意的客户。一般来说还可以形成潜在的或事实上的更牢固的竞争壁垒。

其次,要考虑这样一系列重要的问题:怎样接近细分市场?以多快的速度接近?有没有现成的渠道或中介介绍?可不可以使用自选战略?接近细分市场的各种选择从成本角度看是否有效?能否以最快的速度触及细分市场中最大的范围?能否在竞争对手瞄准同一细分市场之前就成为领军人物?

此外需考虑的问题有:细分市场有多大?潜在的收入和毛利是否足以平衡开展此项目的成本?相关环境状况(如经济状况、生活方式、法律限制)的变化对目标细分市场潜在反应可能产生的影响是什么?针对目标细分市场,目前的和可能存在的竞争行为有哪些?

市场定位要回答的问题是:为什么目标细分市场中的成员要购买我的产品或服务而不是竞争对手的?目标细分市场中的成员意识到的我的产品或服务的独特性是什么?要特别注意消费者购买的不是特征而是利益。更确切地说,消费者是根据所意识到的利益进行购买的。企业家不仅要开发出不同于竞争对手的好的利益点,还必须让消费者理解这些利益。

三、销售策略和渠道的构建

市场营销组合是指企业在选定的目标市场上,综合考虑环境、能力、竞争状况,对企业自身可以控制的因素进行最佳组合和运用,以完成企业的目的与任务。市场营销组合是企业市场营销战略的一个重要组成部分,是指将企业可控的基本营销措施组成一个整体性活动。市场营销的主要目的是满足消费者的需要,而消费者的需要很多,要满足消费者需要所应采取的措施也很多。因此,企业在开展市场营销活动时，就必须把握基本措施，合理组合，并充分发挥整体优势和效果。在市场营销网络设计中，影响企业营销的有两类因素：一类是企业外部环境给企业带来的机会和威胁，这些是企业很难改变的；另一类则是企业本身可以通过决策加以控制的。企业本身可以控制的因素归纳起来主要有以下四方面。

1. 产品和服务决策

这个营销组合要素是对新创企业即将上市的产品或服务的描述。其关键的决策因素有组件或材料的质量、风格、特征、买卖的特许权、品牌、包装、规格、服务的可获得性、产品保证等。分析产品或服务这一要素，不仅要考虑它的有形特征，还必须考虑它的无形特征。比如，计算机制造商的产品都是计算机，从外形上与其他现有的竞争者所提供的产品没有太多的不同，所不同的往往是品牌、价格、质量、交货时间、特征和风格以及包装等。所以这种产品概念远超过它的物理组件本身。

2. 定价策略

定价通常是企业家最难做的决策，但也是最重要的，因为它最终决定公司的利润。在当今世界，不仅要为制造成本很高的产品定价，为使用大量人力要素的服务定价，还要为在互联网上不花成本就可复制的知识产权定价。通常一些简单的精确的定价规则，如加成规则或竞争持平规则可以让企业家轻而易举地做出定价决策，无须进行艰苦工作或认真思考，但是，这些规则可能无法实现利润最大化。产品一面世就完成定价尤为重要。如果你要在某一产品的生命周期内降低价格，没有人会抱怨，但是，当你认识到产品的被认知价值远高于预想价值，要大幅度地提价就困难得多。消费者在以初始价格面对一种新产品或服务时一般不会过多地考虑公正性评价问题，一旦价格提高，消费者就会认为这种提价不公平。因此，让初始价格定在非常合适的水平上尤为重要。但是，对于许多新产品，通常是有创新精神的人才愿意冒险尝试使用。因为承担了这种初始风险，第一批消费者期望（也应该）得到特别的优惠价格。企业家完全可以为这些最初的富有创新精神的消费者特别定价，但是，这样的价格应该被定义为正常价格水平下的特许消费折扣或者推介性折扣，借以宣传推介工作完成后正常的价格水平。这使企业家有更大空间去调整推介性折扣水平，以此判断市场反映并调整其实际销售价格。因为预先公示了正常价格，企业家就可以自由地调整到这一水平,不会让市场产生不公平感。

3. 销售渠道的构建

销售渠道分析可参见表 7-4 进行。

表 7-4 销售渠道分析

经营地址	面积	费用或成本(元/月)	选择该地址的主要原因
销售渠道	□面向最终消费者　□通过零售商　□通过批发商　（打√选择）		
选择该销售方式的原因			
与主要批发/零售商的合作方式			

为了制订合理的分销策略,首先要了解所有分销系统所执行的功能,这些功能包括再分类/整理、常规化和促进搜索配对。再分类/整理是指有形分销中所发生的,将生产者较大数量、较少种类的产品送达一般需要较少数量、较多种类产品的终端消费者的所有中介活动,超市就是一个最好的例证。使交易常规化是将产品和服务标准化并使交易自动化,从而使每次小规模交易无须再讨价还价,让终端消费者更容易比较各种产品的活动。促进搜索配对是中介协助功能的典型体现,它使卖主更容易发现买主,使买主更容易在众多选择中发现他要购买的最好的产品和服务。

一般来说,分销策略是严重影响市场细分的一个因素,一个好的分销策略能使终端消费者在面对企业提供的产品时所认识的情况正如企业预先所计划的。分销方式分直接方式和间接方式,企业要据此设计直接分销系统或间接分销系统并进行各种不同的取舍。分销方式的排他性根据分销渠道的选择性以及随时间变化而变化的程度而有所不同。排他性分销和密集性分销是两个极端,中间是选择性分销。在不同时间阶段创造性地使用不同项目的技巧以及直接的、排他性的、选择性的、密集性的分销决策,会使企业所提供的产品在其目标市场上的认知效果大有不同,这些认知上的不同会对企业最终的盈利能力产生巨大影响。常见的宣传推广方式如表 7-5 所示。

表 7-5 常见的宣传推广方式

推广方式	主 要 内 容
广告媒体	选择媒体：报纸、杂志、电台、电视、直邮、网络等
会展推广	选择适合推广产品或服务的会议和展览会
公关活动	引起客户注意的文章、被电台/电视台采访的机会、研讨会、媒体新闻稿
网络推广	网站推广、网络品牌、信息发布、在线调研、顾客关系、顾客服务、销售渠道、销售促进
促销活动	降价、打折、试用、赠送、展销等活动
数据库营销	企业通过收集和积累会员（用户或消费者）信息，经过分析筛选后针对性地使用电子邮件、短信、电话、信件等方式进行客户深度挖掘与关系维护

4. 促销策略

促销策略是指促进消费者购买产品或服务以实现扩大销售的策略。创业者应该设法告知潜在的消费者有关产品的可获得性，或运用广告媒体如印刷资料、广播或电视等来引导消费者。

营销工作标准流程如图 7-14 所示。

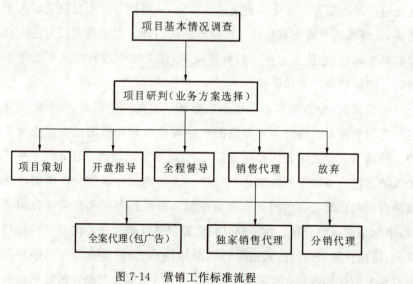

图 7-14 营销工作标准流程

第六节 初创企业的财务管理

一、会计核算方法的应用

会计核算方法是用来反映和监督会计对象的。会计核算方法由设置账户、复式记账、填制和审核凭证、登记会计账簿、成本计算、财产清查和编制财务报表等具体方法构成。其具体内容如下。

1. 设置账户

设置账户是对会计核算的具体内容进行分类核算和监督的一种专门方法。由于会计对象的具体内容是复杂多样的,要对其进行系统核算和经常性的监督,就必须对经济业务进行科学的分类以便分门别类地、连续地记录,从而获得多种不同性质、符合经营管理所需要的信息和指标。

2. 复式记账

复式记账是对所发生的每项经济业务以相等的金额同时在两个或两个以上相互联系的账户中进行登记的一种记账方法。这种记账方法可全面反映每笔经济业务的来龙去脉,而且可以防止差错,便于检查账簿。

3. 填制和审核凭证

填制和审核凭证是为了审查经济业务是否合法、合理,保证账簿记录正确、完整而采用的一种专门方法。会计凭证是记录经济业务、明确经济责任、作为记账依据的书面证明,是登记账簿的重要依据。正确地填制和审核会计凭证是核算和监督经济活动财务收支的基础,是做好会计工作的前提。登记会计账簿简称记账,是指以审核无误的会计凭证为依据在账簿中分类、连续、完整地记录各项经济业务,以便为经济管理提供完整、系统的会计核算资料。账簿是重要的会计资料,是进行会计分析、会计检查的重要依据。

4. 成本计算

成本计算是按照一定对象归集和分配生产经营过程中发生的各种费用,以便确定各对象的总成本和单位成本的一种专门方法。正确地进行成本计算,可考核生产经营过程的费用支出水平,同时又是确定企业盈亏和制定产品价格的基础,并可为公司进行经营决策提供重要数据。

5.财产清查

财产清查是通过盘点实物,核对账目,以查明各项财产物资实有数额的一种专门方法。通过财产清查可以查明各项财产物资的保管和使用情况以及各种结算款项的执行情况,以便对积压或损毁的物资和逾期未收到的款项及时采取措施。

6.编制财务报表

编制财务报表是以特定的表格形式,定期反映企业、行政事业单位的经济活动情况和结果的一种专门方法。财务报表主要以账簿中记录的数据为依据,经过一定形式的加工整理而产生一套完整的核算指标,是用来考核、分析财务计划和预算执行情况,以及编制下期财务计划和预算的重要依据。

在会计核算过程中,正确地运用这些方法是会计工作内容准确性的基础保障和根本保证。但由于会计核算是专业性较强的领域,通常对于创业者来说过于复杂,建议交由专业的、具有会计师资格证的会计人员来负责。但是,创业者必须从宏观上了解和掌握,以免因为账目不清、财务管理混乱而导致收支不平衡的问题,影响公司运营和决策。

二、财务管理注意事项

财务管理是一项涉及面广、综合性和制约性都很强的系统工作,其重要性不言而喻。只有加强财务管理,才能增强公司的竞争力,提高公司抵抗市场风险的能力。然而,大多数公司在日常财务管理工作中,都普遍存在以下几个方面的问题:

(1) 事前预算不足,事后分析不到位;
(2) 信息化程度不高,缺乏财务创新;
(3) 内控体系不完善,缺乏风险管理意识;
(4) 费用管理不规范,资产管理散乱;
(5) 成本核算粗放,成本控制不严。

财务管理的有序和规范是公司可持续发展的前提,针对上述存在的问题,可以采取以下相应的措施进行防范和规避。

1.建立财务危机预警系统

财务危机预警系统是一种成本低廉却能预知财务风险的诊断工具,当出现可能危害企业财务状况的关键因素时,财务危机预警系统能发出警告,以提醒经营者早做准备或采取对策以减少财务损失,以免财务风险进一步扩大。

2.加强财务风险指标分析

公司的经营者和管理者应随时加强对财务风险指标的分析,适时调整企业的营销策略,合理处置不良资产,有效控制存贷结构,适度控制资金的投放量,减少资金占用;还应注意加快存货和应收账款的周转速度,使其尽快转化为货币资产,减少甚至杜绝坏账,加速公司的变现能力,提高资金的使用率。

3.增强财务风险意识

公司要时刻关注国家宏观政策及市场供需关系的变化,管理层应对公司的投资项目、经营项目、筹借资金和经营成本等方面可能产生的负面效应进行提早预测,以便及时采取措施。

4.建立内部监督制度

内部审计在公司应保持相对的独立性,从而确保审计部发现的重要问题能送达治理层和管理层。有审计需要但不具备条件的公司,可聘请外部审计机构和人员进行内部审计。

5.建立内部控制制度

对不相容的岗位实行相互分离、相互制约。建立回避制度,会计负责人的直系亲属不得担任出纳人员;严禁擅自挪用、借出货币资金;严禁收入不入账;严禁一人保管支付款项所需的全部印章;不得由同一部门或个人办理采购与付款、销售与收款业务的全过程。

三、新公司的账簿设置

随着公司的不断发展,涉及的各项业务将会逐渐增多,为了规范公司的资金管理,确保公司的正常运营,有必要在公司成立时就设置规范的账簿,以便准确地记录各项经济业务的往来。常见的记账方式无外乎两种,即手工记账和会计电算化记账。公司在选择记账方式时,应该结合公司的实际情况,选择最符合本公司实情的记账方式。通常交由专业的财务人员负责具体事务,此处不做详细介绍。

企业账簿设置与管理结构参见图7-15。

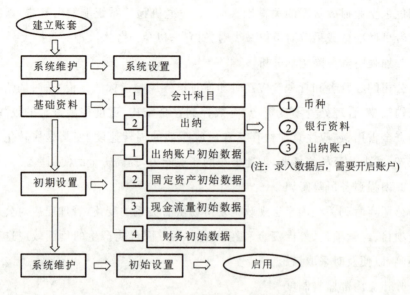

图 7-15　企业账簿设置与管理结构

四、企业税务相关知识

公司要缴纳税收,就需要对应缴的税收种类和负责税收的部门有所了解。依据税收的征收管理权及收入支配权进行分类,国家有两种性质的税收,即国税和地税。国税又称为中央税,由国家税务局系统征收,是中央政府收入的固定来源,归中央所有。地税由地方税务局征收、管理和支配。地税属于地方固定财政收入,由地方管理和使用。

就普通的中小型公司而言,一般情况下会涉及的税收都比较普通和常见,具体如下。

1. 增值税

增值税是以商品或服务(含应税劳务)在流转过程中产生的增值额作为计税依据而征收的一种流转税。一般纳税人税率是17%(不含特殊行业),但可以进行进项税额抵扣。

2. 营业税

营业税是对在中国境内提供应税劳务、转让无形资产或销售不动产的单位和个人,就其所取得的营业额征收的一种税。营业税属于流转税制中的一个主要税种,税率为5%。

3. 公司所得税

公司所得税是以公司、企业法人取得的生产经营所得和其他所得为征税对象而征收的一种所得税。纳税人预缴所得税时,应当按照税期的实际数预缴,按实际数预缴有困难的,可以按上一年度应纳税所得额的 1/4,或者经当地税务机关认可的其他方法分期预缴所得税。预缴方法一经确定,不得随意改变。

4. 注册资本印花税

注册资本印花税直接申报即可,计税依据(金额)按照"实收资本"加"资本公积"合计数填报,其税率是注册资本的 0.5%。

5. 房屋租赁税

公司注册完毕,税务局就会通知企业去缴纳房屋租赁税。

6. 附加税

城建税的税率是增值税(或营业税)的 7%、5% 或 1%;教育费附加的税率是增值税(或营业税)的 3%;地方教育费附加的税率是增值税(或营业税)的 2%。

第八章 大学生创新创业项目的成长

第一节 企业的成长扩张

如图 8-1 所示为企业发展历程。在企业的扩张过程中,创业者或管理者必须把握和控制好机会。在整个扩张过程中,企业创业者或管理者主要应完成以下三项任务:为企业确立大胆的长期目标,制定实现目标所采取的策略,实施有效的执行战略。

图 8-1 企业发展历程

一、企业扩张的目标

处于扩张阶段企业要有大胆的目标。之所以说目标要大胆,是因为它们描绘了一幅极为不同且难以实现的未来远景,从收益、竞争等级、地理区域等方面来看都是如此。这种大胆的目标在企业扩张过程中起着重要的作用。

首先,大胆的目标是企业扩张的动力。新创企业不会自发地为建立资产协调系统进行必需的创新活动和投资。根据满意原则,大胆的目标会刺激对这些创新活动和投资的搜寻。其次,大胆的目标为企业扩张所需要的创新活动找到充分的理由。创新活动的不确定性虽然比创建企业的不确定性低,但不可逆的投资以及企业家个人财务投入都大大提高了,而这种创新活动或许并不能为投入的资源创造出最大的回报。一旦企业家使自己和其他资源供给者相信,他们的长远目标或愿景值得为之努力,他们就会忽略投资的财务价值暂时难以明证的事实,而去执意追求内心的寄托和企业的目标。再次,雄心勃勃的目标可以帮助企业从资源供给者那里获得需要的投入。造就丰功伟业的承诺所带来的声誉以及所提供的心理愉悦有助于说服员工和顾客对新创企业进行冒险投入。最后,大胆的目标有助于减少成员企业之间以及不同的专业化职能部门和层级单位之间的冲突。企业扩张过程中必须协调好各种互为补充的资产之间的关系。这些协调问题很难解决。因为难以预料的所有意外情况并不能事先达成协议,而且在联合生产过程中,对互补性资产的相对贡献,企业无法精确地加以评估。

企业经营成功的要素如图 8-2 所示。

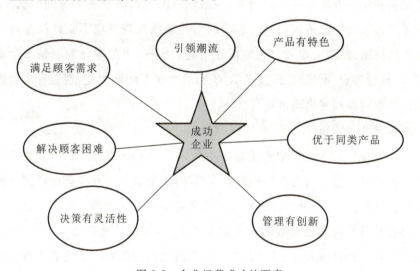

图 8-2　企业经营成功的要素

二、企业扩张的战略

企业的扩张过程既需要有长期的目标,也要有能将投资与创新活动导向目标实现的规则,这些规则就是战略。许多创业者盲目草率地创办了自己的企业,依靠对现有概念的模仿或稍作修改而向机会市场提供产品或服务。后来对大规模业务的探讨也是不系统的,有的创业者经历了数年磕磕绊绊也没有找到适合于自己的商业模式。制定企业扩张战略要考虑以下几方面的内容。

1. 目标和细分市场

制定战略首先要确定目标和细分市场。处于早期阶段的创业企业的人力和财力有限,它们不能为所有人提供所有的商品和服务。创业者或公司管理者必须瞄准那些自己最容易进入且具有竞争优势的市场。确定目标,创造差异化、降低客户转换成本、克服竞争对手所设置的进入障碍的能力,将是成功的关键。目标客户、目标市场和市场细分是由以下因素决定的:当前与潜在的营业额和收入、销售和服务的成本以及成功的可能性。新创企业虽然没有充分的经验和背景,但也必须做出目标客户、目标市场和市场细分的定位决策。这使得定位风险很高。因为创业者和管理者没有足够的时间对每个细分市场进行深入的研究。此时,主要用讨论的决策方法。要考虑到各个方案的价值和风险,利用定量和定性方法辅助进行决策,并给计划的执行限制一个时间的框架,出现偏差后采取必要的矫正行动。成功的创业者或管理者应不断地检验目标和细分市场决策,发现错误及时采取纠正措施。同样,因为业务发展是一个动态的过程,目标客户、市场细分、技术、竞争和战略在不断地改变,创业者和管理者必须不断面对挑战和更新市场与目标。

2. 差异化与创新

新创企业在扩张过程中要定位于差异化。如果一个创业者或管理者无法让他们的产品或服务与竞争对手形成差别,则这个新创企业将难以得到外部的权益融资,同时在寻找和维持客户方面也会遇到极大的困难。企业通过持续不断地寻找并试验新的创新活动来开发新的资产,实现快速扩张。同时,战略方向确定了限制条件或者特定范围,在这个范围之内的创新活动比随机选择的创新更有可能产生企业内资源的互补作用或协同效应。

3. 执行

新创企业要想实现系统性的快速增长,除了需要制定战略之外,还需要圆满执行战略。这里的执行是具体的决策和行动,与制定战略时对一般规则或原则的选择相对应。战略执行的质量与战略的制定一样重要,有时甚至更为关键。企业的战略目标一般情况下要在企业内部进行广泛的沟通,当竞争对手互相监视对方的战略时,就很容易被对方了解。如果竞争对手采取相同的战略,那么成功很大程度上取决于执行的差异。战略执行过程需要各个方面的协调和管理,这是一个有美好愿景的新创企业走向成功的途径。

三、企业扩张方式的选择

以下我们介绍五种主要的企业扩张方式:合资经营企业、收购现有企业、运作特许经营企业、多元化经营企业和专业化经营企业。由于前面已对相关内容进行了详细的介绍,这里只对扩张方式进行概括性的介绍。

1. 合资经营企业

所谓合资企业就是指包括两个或更多合伙人的独立的企业个体,合资企业是战略联盟的一种形式。合伙人通常包括各种各样的参与者,如大学、非营利性组织、企业、政府部门等。合资企业在很长一段时间内被创业企业用来迅速扩展经营规模。通过合资形式创业企业可以迅速实现规模的增长和自身潜力的最大限度发挥,同时也可以利用合资方的其他资源拓展自己的业务和竞争领域,实现核心竞争力的扩展和深化。在美国,合资企业最容易出现在大规模项目的建设中,如19世纪的矿业和铁路系统,到20世纪又应用于航运、石油、石矿开采中,到1959年,美国一些大公司成立了约345家合资企业,这些企业通常是竞争者们之间的纵向合作。这种类型的合资可以大规模地降低企业运营成本,实现规模经济。据美国联邦委员会统计,从1960年到1968年,由1131家美国公司合资成立的美国国内合资企业有520家,主要出现在制造业,到了20世纪80年代又涌现出了各种不同类型的合资企业,尤其是跨国的合资企业。到20世纪90年代,小型创业企业使合资企业的数量大大增加。

2. 收购现有企业

收购是指一个企业通过购买另一个现有企业的股权而接管该企业。投资收购现成的企业,包括既有企业并购(经营成功企业并购、待起死回生企业收购)和购买他人智能(知识产权的收购、特许加盟)等方式。客观地看,创业不外乎是培育某种财富生产能力,为自己创造利润,为社会提供福利。因此,投入资金,通过产权交易,直接变他人的财富制造能力为自己所有,也不失为创业企业成长的可行途径。显然,收购现有企业可以使成长中的创业企业扩大规模,获得迅速成长。而且,通过收购其他企业可以实现创业企业与被收购企业资源的有效整合和优势互补,为创业企业未来拓展业务和市场空间提供强有力的支持。

3. 运作特许经营企业

特许经营(franchising)最早起源于美国,1851 年 Singer 缝纫机公司为了拓展其缝纫机业务,开始授予缝纫机的经销权,在美国各地开设加盟店,并最先使用书面的特许经营合同书,这在业界被公认为是现代意义上的商业特许经营起源。如今,特许经营企业已遍布世界各地,我们熟悉的肯德基和麦当劳都是典型的特许经营企业。按照国际特许经营协会(International Franchise Association)的定义,特许经营是特许人和受许人之间的契约关系,对受许人经营的特定领域、经营诀窍和培训,特许人有义务提供帮助或保持持续的兴趣;受许人的经营是在由特许人所有和控制下的一个共同标记、经营模式和过程之下进行的,并且受许人使用自己的资源对其进行投资。

特许人就是我们所说的特许授权商,而受许人就是我们所说的特许加盟商。前者与后者的经营活动是分别进行的,后者可以接受前者的全部产品或部分产品。通常,特许权合同要求受许人向特许人缴纳特许经营所得的利润,而受许人按照其经营总销售额的一定百分数,从特许人那里获得工资。特许人还要经常提供管理培训、经营设备、装置设计和全国性销售服务。特许权合同作为一种管理手段,已被许多行业的创业企业所采用,如小型计算机行业、旅馆和汽车旅馆业以及快餐服务业。在技术革新过程中,这一管理方法颇有成效,因为它有助于新技术的普及,同时它也创造了促进新产品发展的环境。因此,对于寻求再发展的创业企业来讲,获得特许权进行连锁经营无疑是创业者的一条可供选择的发展之路。

4. 多元化经营企业

多元化又称多角化,是指企业同时经营两种以上基本经济用途不同的产品或服务的一种发展模式。多元化是相对企业专业化经营而言的,其内容包括:产品的多元化、市场的多元化、投资区域的多元化和资本的多元化。从理论上讲,多元化战略是一剂良药,有利于资源的共享,分散企业经营风险,获取利润增长点,促进创业企业持续发展。虽然多元化经营对于创业企业成长有巨大作用,但在实践中,如果实施不当,使其负面效应凸显,反而会增加企业的风险,减少创业企业的收益,甚至使创业企业出现生存危机。

5. 专业化经营企业

专业化经营与多元化经营是一对相对的概念。所谓专业化经营战略,是指企业将自己的业务范围限定在一个特定的领域内,集中资源培养企业在该领域的核心竞争能力,提供相应的产品或服务。当然,根据企业规模的不同,这一领域的大小也不同。创业企业可以根据公司的规模和实力,选择自己具有相对优势的领域进行专业化经营。

四、成功企业再创业

实际上,当创业的概念被应用到企业组织层面的时候,语言上的差异可能会比术语所表达的实质含义上的差异更为突出。Burgelman 把企业再创业定义为一种通过新奇方式组合内部资源来发现新机会并实现多元化发展的过程,是成功企业为了探求新机会和培育竞争力而改变资源配置的结果。成功企业再创业包括两类现象及相关的过程:一是在现有组织中开创新业务,比如内部创新或创业活动;二是通过核心经营理念的更新来实现组织转型,比如战略更新。成功企业再创业是企业借助内部创新或合资合作活动在现有组织基础上产生新业务,并通过战略更新带动的组织变革。也有学者把再创业概括为一个企业的创新、创业和更新活动的总和。创新包括创造和引入产品、生产流程和组织系统;创业是指企业通过现有市场的运作或新兴市场的扩展来进入一个新的业务领域;更新是指通过改变业务范围和竞争方式来使企业的经营运作得到复兴,更新的另一层含义是培养或获得新的能力来为股东创造更多的价值。Sharma 和 Chrisman 认为,再创业是创业家或创业团队在现有公司内部进行新企业创建、创新和组织更新的过程。

企业再创业的目标就是要建立一种新型的企业,这种新型的企业与传统企业相比,其特征体现在以下几方面。

1. 新企业的目标

新企业的经营目标已由利润最大化转向价值最大化,这是新企业经营理念的重大转变。新企业不再仅仅只将注意力集中在企业利润最大化的目标上,而是通过为顾客创造价值来实现自身的价值。

2. 新企业的理念

现代科技的发展日新月异,产品技术变化的速度日益加快,顾客需求日益多样化,全球经济向一体化发展,市场竞争日趋激烈,所有这些正引导经济进入一个新的时代。这个时代市场飞速变化,新产品迅速更新换代,企业组织结构与管理都必须跟上发展的步伐。为适应这一形势,新企业的理念是"快速应变,永远领先",塑造快速应变的核心能力。

3. 新企业的追求

新企业的追求就是成为一个真正的全球企业。经济全球一体化既给企业带来了机遇,又给企业带来了残酷的竞争和严格的要求。企业如果将自己的视野局限于某一地区或某一国家的市场,就等于自束手脚,拱手将市场让给竞争对手。新企业的生存意识是站在全球竞争的高度,在全球范围内进行资源的最优配置,实施全球化的竞争战略。

4. 新企业的本质

新企业的本质表现为两个方面:一方面,高速度公司;另一方面,知识型企业。在当今激烈动荡的市场环境中,企业竞争呈现出动态化特征,竞争能否成功,取决于对市场趋势的预测是否准确以及对变化中的顾客需求能否快速地做出反应。企业战略的核心在于其行为反应能力,在于企业的高速度。在新经济条件下,许多传统经济的法则已不再适用。速度经济的本质是速度经济已取代规模经济成为企业获得长期竞争优势的制胜之道。因此,与新经济环境相适应的新企业必然是一个高速度公司。所谓高速度,包括四个方面的内容:对市场需求变化的快速应变,对技术进步变化的快速创新,对知识创造的有效管理以及对新问题的快速决策。知识型企业是新企业的本质之一,具体表现在以下四方面:

(1) 企业的员工是高学历、高素质的知识型员工;

(2) 生产要素中决定配置的是知识;

(3) 企业生产的产品与服务本质上是在创造新的知识;

(4) 知识创造可以使公司价值倍增。

五、企业再创业模式

1. 项目小组

《GEI企业研究报告》认为,以项目小组的形式开展新业务,一般具有以下几个特点:首先,它要服务于企业的整体战略构想,与现有业务具有比较紧密的相关性;其次,它有一个明确界定的目标,而且在项目过程中需要与公司各部门协作,并运用各种资源;最后,它应有具体的时间计划和成本预算。和传统方式比较,项目小组的形式更加有利于调集管理资源,协调各部门的力量,集中开发新业务。然而,从大量的企业实践中发现,如果新项目全部在公司内部进行,所有的资金投入均由内部解决,那么很可能出现"软预算约束"问题。软预算约束是指公司内部的新项目启动后,资金需求往往会突破原先的预算,而企业又无力对项目进程进行调整,使项目费用保持在预算之内。项目一旦启动便具有一定的刚性,同时由于新业务前景的不确定性,即使项目进行中费用超支,公司决策层也很难"忍痛割爱"去终止项目。因为这意味着彻底放弃了成功的希望,使前期投入变成了沉没成本。

2. 内部创业

内部创业一般有两种方式,一种是由下至上的自发性行为,一种是自上而下的诱导性行为。自发性创业行为主要表现为内部创业家根据自己的兴趣和爱好,利用工作闲暇进行的创新构想,这些活动也许与公司的现有业务具有一定的关联,但也可能毫无关系。当内部创业家感觉自己的创意很有发展潜力的时候,就可以向公司的中层经理或高层管理者进行推荐,由他们去选择和决定公司是否支持这项活动,是否将其纳入企业的创业发展战略中去。诱导性创业行为主要表现为内部创业家在公司的战略性指导下进行创业机会的捕捉。首先,企业要让员工深刻地体会公司未来的愿景和目标,鼓励员工进行符合企业战略发展的创新和创业活动,并承诺给予政策和资源上的支持。例如,著名的3M公司明确规定,员工可以利用15%的工作时间和资源自由地从事内部创业活动,而且不必事先获得上级主管的同意。其次,企业内必须拥有一批有影响力的创业支持者,他们不仅要协助内部创业者获得资源、沟通信息,而且还要帮助他们积累相关的管理经验。

3. 创业孵化器

创业孵化器是通过提供一系列新创企业发展所需的管理支持和资源网络,帮助和促进新创企业成长的创业运作形式。母公司通过提供场地和设施、培训和咨询、融资和市场推广等方面的支持,降低新创企业的创业风险和创业成本,提高成功率。创业孵化器的运作与内部创业有所不同,进入孵化器的新业务都以独立的新创实体的形式出现,其财务和人事等方面都与母公司完全脱钩,公司除了提供有偿的硬件和软件支持外,不过多参与新创实体的经营管理,所以对新创事业的控制相对较松。而内部创业模式主要是为处于萌芽期的创新和创业思维提供初步的支持和保护,以鼓励创业机会的挖掘,同时也在一定程度上对这些活动进行适当的控制和引导。

第二节 企业品牌的塑造

一、企业品牌的重要性

品牌文化是树立企业形象、提升企业竞争力的核心问题之一。品牌是拥有它的企业区别于其他企业的标志,它不仅仅是企业形象识别,本质上代表着卖方对交付给买方的产品特征、利益和服务的一贯性承诺。品牌是质量的保证,是优质的服务,是企业文化的结晶,是企业的一个象征。品牌除属性、利益、价值外,更主要的是代表了企业文化的追求。企业文化赋予了品牌鲜活的生命力和非我莫属的无形张力,任何一个知名品牌的背后都有其企业文化为依托,品牌一旦生成于优秀的企业文化氛围之中,就能大放异彩。

真正有文化内涵的品牌可以深入消费者的内心,落实到消费者的行动上,从而提升消费者对品牌的忠诚度。没有文化内涵的品牌缺乏吸引力和想象力,自然难以形成市场影响力,因此品牌的竞争力水平也就难以提高。

二、如何塑造企业品牌

常规企业品牌资产建设架构如图8-3所示。塑造企业品牌可以从以下几方面着手。

1. 提炼个性鲜明并对消费者有感染力的品牌核心价值

品牌核心价值是品牌资产的主体部分,它让消费者明确、清晰地识别并记住品牌的利益点与个性,是驱动消费者认同、喜欢乃至爱上一个品牌的主要力量。核心价值是品牌的终极追求,是一个品牌营销传播活动的原点,即企业的一切价值活动都要围绕品牌核心价值而展开,都要是对品牌核心价值的体现与演绎,并要能丰满和强化品牌核心价值。久而久之,品牌核心价值就会在消费

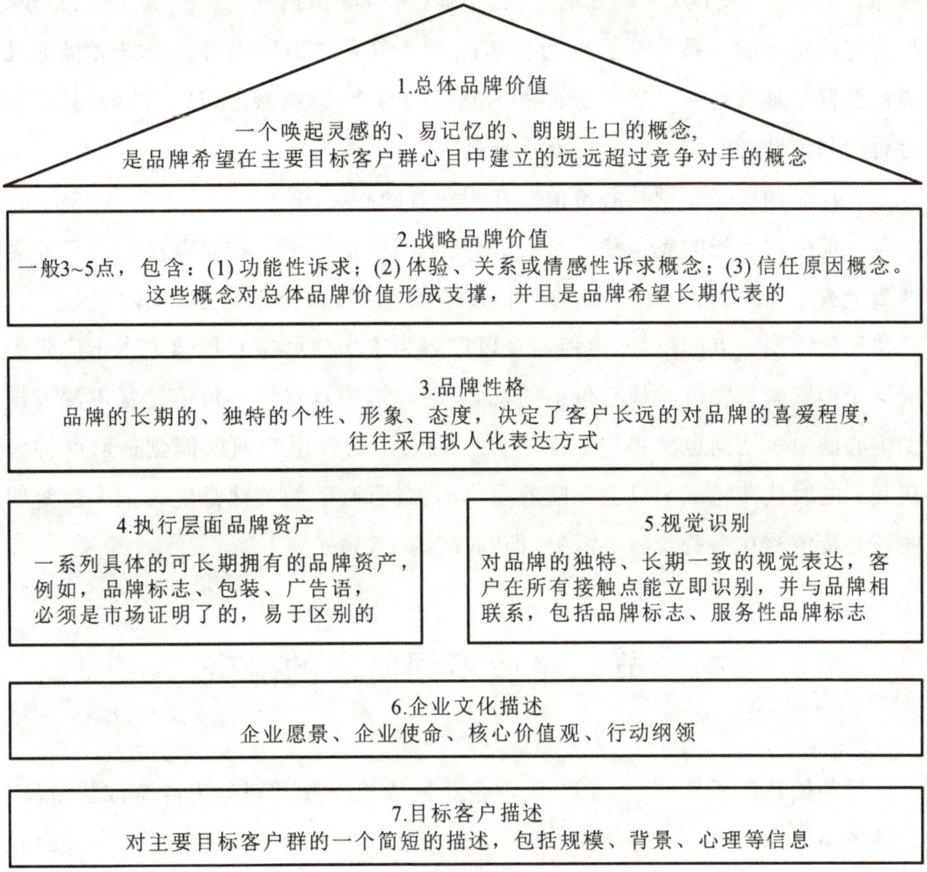

```
         1.总体品牌价值
   一个唤起灵感的、易记忆的、朗朗上口的概念,
是品牌希望在主要目标客户群心目中建立的远远超过竞争对手的概念
```

```
              2.战略品牌价值
一般3~5点,包含:(1)功能性诉求;(2)体验、关系或情感性诉求概念;(3)信任原因概念。
       这些概念对总体品牌价值形成支撑,并且是品牌希望长期代表的
```

```
                3.品牌性格
品牌的长期的、独特的个性、形象、态度,决定了客户长远的对品牌的喜爱程度,
                往往采用拟人化表达方式
```

4.执行层面品牌资产	5.视觉识别
一系列具体的可长期拥有的品牌资产,例如,品牌标志、包装、广告语,必须是市场证明了的,易于区别的	对品牌的独特、长期一致的视觉表达,客户在所有接触点能立即识别,并与品牌相联系,包括品牌标志、服务性品牌标志

```
            6.企业文化描述
   企业愿景、企业使命、核心价值观、行动纲领
```

```
              7.目标客户描述
对主要目标客户群的一个简短的描述,包括规模、背景、心理等信息
```

图 8-3 常规企业品牌资产建设架构

者大脑中留下深深的烙印,并成为品牌对消费者最有感染力的内涵。

2.规划品牌识别,使核心价值营销传播活动具有可操作性

完成品牌核心价值提炼后,作为品牌战略管理者的一项重要的工作就是规划以品牌核心价值为中心的品牌识别。品牌识别指对产品、企业、人、符号等营销传播活动具体如何体现核心价值进行界定,从而发展出区别于竞争者的品牌联想。品牌识别体现管理者期望要发展的品牌联想及品牌代表的方向,界定了品牌要如何进行调整与提升。品牌识别有效传达给消费者后就形成了实态的品牌亮相。一个强势品牌必然有鲜明、丰满的品牌识别。科学完整地规划品牌识别后,核心价值就能有效落地,并与日常的营销传播活动(价值活动)有效对接,使企业的营销传播活动有了标准与方向。品牌识别担当全面统帅与指导品

牌建设的职责,除了众所周知的产品、企业、符号等识别外,责任、成长性、地位、品牌与消费者的关系等都能成为打造品牌竞争力的识别内容。金娃凭借非凡的社会营销理念与责任感打造品牌的感染力与崇高性;雅芳以"女性的朋友"作为自己与消费者的关系而倍受女性拥戴。

3. 深度沟通——把核心价值刻在消费者的心灵深处

以前中国市场的竞争是轻量级的,矮子当中挑长子。企业敢投广告把知名度轰上去,品牌就具有了初步的可信度与安全感,就能把竞争品牌打压下去。竞争稍微激烈一点的市场,也停留在以广告为主来演绎核心价值。由于广告无法给予消费者真实体验核心价值的机会,因此消费者对核心价值记忆不深或缺少内心的由衷认同也就很自然了。以广告为主的浅层沟通就能创造品牌并大获其利的时代即将成为过去。随着竞争的加剧,胜败的关键是能否把个性鲜明的核心价值刻在消费者内心深处,即"心战为上,兵战为下"。

第三节 企业不同阶段的融资

据美国风险投资界的定义,风险企业的成长一般可划分为四个成长阶段,即种子期(seed stage)、初创期(start-up stage)、扩展期(development stage)和成熟期(mature stage)。在不同的成长阶段,风险企业面临的风险特征不同,对融资的需求也不同。在种子期,资金主要投入新产品和新技术的研究与开发,用于生产和市场的资金较少;在初创期,研发活动所占资金开始减少,而投入生产与拓展市场的资金略有增加;扩展期与成熟期的资金投向格局发生了显著的变化,资金主要投向生产与拓展市场,尤其在成熟期,这一部分资金占了70%以上。资金投向结构是企业融资决策的重要参考依据,我们应关注企业在不同发展阶段资金需求的特点,要使企业顺利度过四个发展阶段而成为一个拥有稳定市场的成熟企业,就要在其成长的每一阶段动态地给予相应的资金支持。

企业发展生命周期如图8-4所示,而企业成长阶段融资渠道及风险示意如图8-5所示。

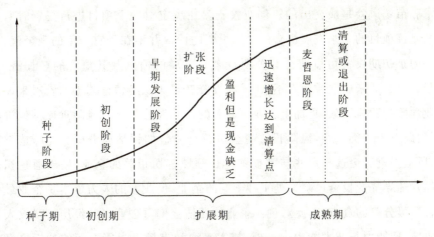

图 8-4 企业发展生命周期

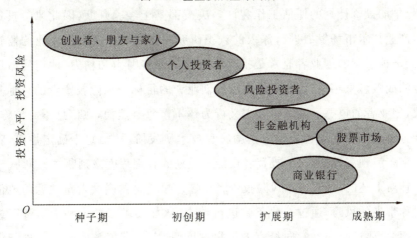

图 8-5 企业成长阶段融资渠道及风险示意

一、种子期的融资

种子期是指技术的开发与试制阶段,或者是商业创意的酝酿与筹备阶段。在这一阶段,从事新技术和新产品开发的创业者,仅有产品的构想和初步设计,为实现实用化和商品化需进行产品、工艺流程、设备等方面的研究。研究的成果通常为样品、样本、方案等。如果投资对象仅有产品构想,未见产品原型,该阶段要注意的是确定技术和商业上的可行性:确定技术规范内容,进行市场研究;收集翔实的信息,制订经营计划;筹集创建资金。这时企业面临三大风险:高新技术的技术风险、高新技术产品的市场风险、创业企业的管理风险。其中,技术和市场风险是最突出的。创业投资家在决定对一个项目进行投资时所看重的是该项目的未来发展机会。早期投资的价值并不在于它产生的现金流,更重要的是初期投资可以获得有关项目未来发展的信息及其蕴含的增长潜力。由于这类企业未成立或成立不久,风险投资者很难从经营计划书的资料来评估企业性质与营运绩效,再加上企业所面对的市场风险与技术风险远比其他阶段高,因此对于这类企业,风险投资者会进行全方位的评估与分析。在筛选方案时,风险投资者会选择那些与其投资专长领域密切相关的企业,便于通过积极的经营辅导降低投资风险。处于种子期的企业,创业者的人力资本是企业最重要且不可分割的资产,因此对创业企业的评估会偏重创业者的经历、背景、人格特质、管理能力与技术能力。另外,技术来源和市场潜力等方面的分析也至关重要,早期投资计划的评估工作和许多决策都基于经验判断,因此风险投资者会对产业技术市场发展进行深入的认识研究。在风险投资者对企业的监管方面,处于种子期的创业者通常是投入了自己的许多财力和精力,他们的命运与企业的成败息息相关,因此在这个阶段创业者的目标与风险投资者的目标基本一致,创业者的道德风险和机会主义行为还不严重。然而,在信息不对称方面,由于企业刚刚成立或还处于市场调研和技术研发阶段,信息不确定性极高,各项数字多属预测性的,风险投资者仅能从规划的合理程度来判断。

  针对上述的风险分析,风险投资者在签订投资合约时会着重注意防范信息不对称带来的风险,通过一些条款进行约束,比如要求对技术和无形资产进行资产评估、要求企业经常向投资者汇报进度、指定会计事务所对企业进行定期审计等。由于种子期是指技术的酝酿与发展阶段,资金需求量可能不大,但由于开发高科技并将其转化为现实产品具有明显的不确定性,项目的失败率很高,因此,应以谨慎的原则进行商业融资。在这一阶段,企业要将高新技术转化为产品具有明显的不确定性,存在着技术失败的风险,所以尽管这一时期对资金的需求量不太大,但对资金的风险偏好要求很高,资金供给者要冒非常大的技术风险。此阶段投资单项资金需求额最低,成功率最低,风险最大,但一旦成功其资金回报率最高。风险投资者主要考虑投资对象的技术研发能力与产品市场潜力,以及是否与风险投资者目前的专长领域、专业范围密切相关。一般来说,该阶段较难获得风险投资。此阶段可以进行融资规划,如图8-6所示。

第八章　大学生创新创业项目的成长　　　　　　　　· 137 ·

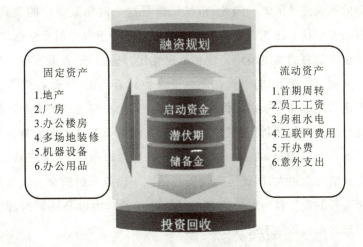

图 8-6　企业融资框架思路

二、初创期的融资

初创期一般指从产品开发成功到产品试销阶段。这一阶段的主要任务是市场导入、创立企业和进行规模化生产。在初创阶段,高新技术企业建立并开始实行经营计划,即进入了商业化、产业化的阶段。初创期的长短因其所处的产业不同而有所差异,短至六个月,长到四五年不等。当初期研究开发成功时,创业者就需要考虑将产品推向市场,此时就应进行创业企业注册、产品市场调研、建立生产基地、小批量试制。该时期引入的投资是在前期产品研制成功的基础上用于企业的注册及中试。它起到一个承上启下的作用:在前期研究成功的基础上,为下一阶段的发展奠定基础。这个时期虽然对产品的生产有了一定的把握,但对市场的反应知之甚少。因而这个时期的投入只是比种子期的多,但还不能形成规模生产。它为下一期扩大规模埋下伏笔,同时也为产品在市场上失败后迅速退出做了准备。初创期的风险比种子期的风险小,投资相对种子期较多,期望收益也相对降低。

在初创期,由于产品和主要技术已经在种子期准备就绪,因此技术风险较种子期有所减少。在市场方面,产品进行试销,此时的信息高度不确定。如何找到正确的市场定位,建立有效的销售渠道,是这个时期的主要任务。而且,在市场化过程中,新产品的推广和被潜在顾客接受需要时间,企业经营面临许多外部的不确定性因素。因此,市场风险是这个时期最突出的风险因素,风险投资者需要根据自己在行业中的经验来判断是否投资于创业企业。

由于信息的高度不确定性和迅速变化,风险投资者需要不断根据新得到的信息来制订投资计划,因此在与创业者签订合约时,风险投资者会着重强调信息传递的准确和有效以降低风险。同时,风险投资者一般会帮助创业者找到和建立合适的市场,制订营销计划。而这方面是具有技术和创意背景的创业者所欠缺的。可以看出,在这个时期,由于要打开市场、建立生产基地和营销渠道,所需要的资金很大,因此风险投资者在这一轮投资的资金投入增加了。这个时期所需要的监管和为解决信息不足所花费的精力也是巨大的,因此,适合于人员密集的投资基金来进行投资。

此阶段产品的技术风险逐渐减少,但在融资方面,由于创立企业需要购入生产设备、雇用人员、形成生产能力和开拓市场,因此对资金的需求较大。这时企业虽然因市场导入而获得销售收入,但现金流极不稳定,远满足不了扩张生产和组织销售的需要,必须从外部融入大量可用于固定资产投资的长期资金。但由于此阶段企业的失败率仍然很高,投资风险还很大,而企业又没有以往业绩的记录,因此直接从银行贷款的可能性很小,更难以在公开的资本市场上融资,此时他们最需要的是股权性质的风险资本。

三、扩展期的融资

扩展期是指技术发展和生产扩大阶段。处在成长期与扩充期的事业,由于产品已被市场接受,且市场需求也比较明确,企业组织又渐具规模,此时筹资的主要目的是在既有基础上,继续开发新产品并扩大生产规模。这一阶段的资金称作成长资本或扩展资本。由于这类投资计划风险较低且收益稳定,因此是风险投资公司主要的投资对象。风险投资公司对于这类投资计划的考虑,主要在于投资对象的企业性质以及未来继续成长的机会。因此评估的重点将放在创业企业过去与现在的财务状况、经营机构的经营理念与管理能力、市场目前的竞争态势、市场增长的潜力、产品技术开发的能力与优势等方面。另外有关资金回收年限、方式以及可能的风险,尤其是未来是否具备上市的机会是影响投资决策的重要评估与衡量项目。在这个阶段企业的产品需求上升迅速,企业生产规模很快不能适应市场的需求。因此,企业需要加大投资力度,扩大生产规模,招募管理和技术人员。

这一阶段在资金需求上,风险资本仍然十分重要,但由于有了稳定的现金流量和经营业绩,传统融资机构的渠道也逐渐打通,对以银行为主的债务融资的需求开始逐渐增加,因此,风险资本所扮演的角色也越来越小。与上一阶段相比,企业对资金的风险偏好要求稍微低一点,因而适合在成长型交易市场上市,类似于美国的NASDAQ小盘股市场,或者我国已经推出的创业板市场。与此同时,风险资本家也会考虑资本的退出。

四、成熟期的融资

这一阶段企业的产品和市场占有率已得到承认,生产规模扩大,技术、管理日趋成熟,销售和利润大幅增加,企业开始进入盈利期。成熟期的投资计划在市场或技术上的风险比较低,经营组织上的管理能力也可从过去的经营成就与财务资料中发掘,因此,风险投资公司的评估重点主要在财务状况、市场竞争优势,以及资金回收年限、方式、风险等方面,目的是衡量股票上市的时机和市场价值。另外,企业的经营理念是否能和风险投资公司相吻合,也是评估的一项重要因素。一般而言,成熟阶段投资计划回收年限较短,回收风险较低,评估工作并不复杂,应将较多时间放在双方的协议谈判上。

产品进入成熟期后,市场竞争格局保持稳定,利润趋于行业平均水平,此时风险投资公司会考虑将企业上市,并最终退出企业的运营,结束资本的循环。随着企业各种风险的大幅降低,不再会有诱人的高额利润,对风险投资不再具有足够的吸引力,这时,风险资本已完成使命,开始通过各种途径实现成功退出。而这时的企业已不再被视为风险企业。

五、企业融资的总体策略

1. 以诚信建立融资渠道

俗话说"有借有还,再借不难",因此创业资金不管来自何种渠道,创业企业必须要诚信才能得到持续的资金支持。创业企业应该主动与各相关机构保持良好关系,使之了解企业,看到企业远大的前景,愿意支持企业的发展,这对每一个成功的中小企业经营者来说都是必修的一课。具体包括两个方面:一方面是对金融机构的选择,选择对中小企业创业与成长前途感兴趣并愿意对其投资的金融机构,能给予企业经营指导的金融机构,分支机构多、交易方便的金融机构,资金充足而且资金成本低的金融机构,员工素质、职业道德良好的金融机构等;另一方面是中小企业要主动向合作的金融机构沟通企业的经营方针、发展计划、财务状况,说明遇到的困难,以业绩和信誉赢得金融机构的信任和支持,不能以各种违法或不正当的手段套取资金。如果企业引入战略投资者,则必须严格执行合作各方签订的协议,不能以隐瞒的方式欺骗外来投资者,只有这样才能使企业规范操作,得到外来投资者更多的支持。

2. 资金数量追求合理

对以股份公司为代表的大企业来讲,融资的目的在于实现最佳资本结构,即追求资金成本最低和企业价值最大;而对中小企业来讲,融资的目的是直接确保生产经营所需的资金。资金不足会影响生产发展,而资金过剩也会导致资金使用效率降低,造成浪费。由于中小企业融资不易,所以经营者在遇到比较宽松的融资环境时,往往容易犯"韩信将兵,多多益善"的错误。但如果资金使用不合理或者并非真正需要,那么好事变成了坏事,企业反倒可能背上沉重的债务负担,进而影响融资能力和获利能力。

3. 资金使用追求效益

中小企业在融资渠道和方式上不像大企业那样存在较大的选择余地,但这并不是说中小企业只能"饥不择食",相反,由于中小企业的抗风险能力弱以及融资困难,更应该对每笔资金善加权衡,综合考虑经营需要与资金成本、风险及投资收益等诸多方面的因素,必须把资金的来源和投向结合起来,分析资金成本率与投资收益率的关系,避免决策失误。很多中小企业在实际操作中都是靠直觉和潜意识来分析的,使得一些企业投资失败,不能及时归还贷款,败坏了中小企业的整体"信誉"形象。

4. 资金结构追求匹配性

中小企业的资金用途决定融资的类型和数量。我们知道,企业总资产由流动资产和非流动资产两部分构成。流动资产又分为两种不同形态:一是其数量随生产经营的变动而波动的流动资产,即暂时性流动资产;二是类似于固定资产那样长期保持稳定水平的流动资产,即永久性流动资产。按结构上的配比原则,中小企业用于固定资产和永久性流动资产上的资金,以中长期融资方式筹措为宜;由于季节性、周期性和随机因素造成企业经营活动变化所需的资金,则主要以短期融资方式筹措为宜。强调融资和投资在资金结构上的配比关系对中小企业尤为重要。有关调查显示,中小企业的财务失败案例中很多并不是由于资金不能筹措所致,而是由于经营者不了解各种资金的特性而不恰当使用资金导致的。

5. 资金运作上追求增量融资的同时要更加注重存量融资

增量融资指从数量上增加资金总占用量,以满足生产经营需要。存量融资是指在不增加资金总占用量的前提下,通过调整资金占用结构、加速资金周转,尽量避免不合理的资金使用,提高单位资金的使用效果,以满足企业不断扩大的生产经营需要。增量融资与存量融资的紧密结合,也反映出中小企业的融资活动与投资活动的内在必然联系,因为存量融资实际上就是一种资金运用,它属于投资活动的范畴。比如,企业若能将闲置设备适时采用出租、出售转让等形式进行"存量融资",不但可以避免损失和资金积压,而且有助于提高长期资金的流动性,减轻融资压力。

6. 清晰规范的商业计划书是成功引进外来投资的第一步

众多有发展潜力的中小企业在其创业阶段便可以得到诸如风险投资、战略投资的青睐,在得到这些外来资金眷顾后更容易取得巨大成功。那么,企业如何才能吸引并最终取得这些外来资金的支持呢?可以肯定地说,一个条理清晰而且写作规范的商业计划书是引入外来投资的第一步。

第四节 成长企业的危机管理

新企业在生存与成长过程中,面临着因企业外部环境突变和内部决策不当等而导致的各种危机,这都将直接影响新企业的成功与失败。创业者要在创业初期就意识到创业风险贯穿于创建企业的全过程,尤其在创业初期,要了解新企业成长发展可能遇到的创业风险,以提高自身风险控制与化解的能力。企业不同阶段的常见危机如图 8-7 所示。

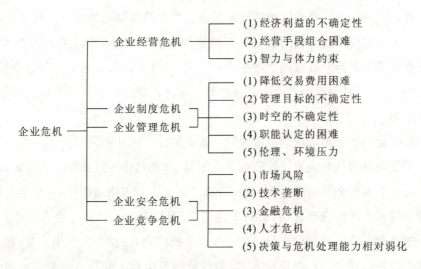

图 8-7　企业不同阶段的常见危机

一、新企业生存阶段的风险控制与化解

（一）新企业生存阶段的风险来源

新企业生存阶段的风险是指从新企业正式运营到新企业实现收支平衡期间产生的风险。新企业生存阶段的风险主要来自以下方面。

1. 缺乏流动资金

创业者的创业资金不充分，或将过多的资金投在企业固定资产等方面，致使处于起步阶段的新企业缺乏流动资金，这必然会影响新企业的生存与发展。

2. 缺乏日常管理

新企业在起步阶段，各项生产经营活动千头万绪，团队成员均忙于各项事务，创业者易疏于日常管理。如果创业者自身管理能力不强，新企业管理难以摆脱混乱、无序的局面，这将给新企业生存带来困难。

3. 缺乏支持系统

为了新企业经营活动的顺利起步，创业者需要与政府管理部门、投资商、供应商、股东和消费者等主动接触与沟通，并形成有利于新企业生存的社会网络系统。若创业者得不到各方面的支持，新企业就会失去竞争优势。

4. 缺乏消费市场

新企业处于起步阶段，生产经营活动的成功与失败取决于市场对其产品或服务的检验结果。若创业者判断不准确,过高地估计企业产品或服务的市场前景,造成产品或服务的销售收入与企业市场预期目标相差甚远,则会使新企业收支持续不平衡。

(二)新企业生存阶段的风险控制与化解的方法

新企业生存阶段的风险控制与化解可使用以下几种方法。

1. 建立人事管理制度

人事管理制度的完善是新企业生存与发展的重要因素之一。创业者要遵循国家有关对员工管理各方面的法律法规,建立人事管理基本制度,如员工考勤制度、业绩考核制度、薪酬分配制度、奖励惩罚制度、保密协议制度等,以调动员工参与新企业生产经营的创造性与积极性,凝聚员工实现新企业发展目标的力量,避免因不同层面员工的变动对新企业造成不必要的损失。

2. 建立财务管理制度

财务管理制度的完善是新企业生存与发展的又一个重要因素。创业者要编制财务计划,制定并实施报销制度,现金流量、预算、核算和成本控制制度,资金使用效益监督制度等,并建立财务管理激励机制与评估体系,加强对流动资金的管理,不断提高新企业流动资金的周转率、变现能力与短期内偿还债务的能力,从而有效化解财务风险。

3. 防范市场风险

市场风险在新企业生存阶段体现得愈加明显,影响新企业生存与发展。创业者要对新企业的产品或服务的功能性指标与非功能性指标进行调研,收集目标消费者试用产品或服务的意见;通过召开咨询会或研讨会等形式,听取相关人士对新企业产品或服务在市场准入、市场定位和市场竞争等方面的建议,进而完善新企业产品或服务的技术环节或工艺流程,建立应对市场风险的行为策略。

4. 保持新企业持续盈利

新企业要度过其生存最危险的起步阶段,重要的是使其能够持续盈利。创业者要通过各种合法的生产经营活动积累资金,确立一个简单实用的商业模式,设计一个适合新企业内部条件与外部环境的盈利模式,从而形成企业经营的盈亏平衡与持续盈利的良好开端,确保企业生存与发展。

5. 适当调整经营内容

在市场经济条件下,新企业的经营目标与企业内部条件、外部环境之间的动态平衡是其开展生产经营活动的关键。创业者要根据新企业生产经营活动取得预期效果的可能性和产品或服务的市场需求、市场竞争变化趋势,适当调整经营业务,重点发展体现核心竞争力的经营活动,重点开展盈利多的经营项目,使生存阶段的企业稳步成长。

二、新企业成长阶段的风险控制与化解

新企业成长阶段的风险是指从新企业实现收支平衡到新企业产生巨额利润期间产生的风险。新企业成长阶段的风险主要来自以下方面:

(1) 团队管理机制不完善。新企业发展到成长阶段,随着经营业务和经营规模的不断扩大,员工队伍不断扩大,如果企业缺少有效的团队管理,就难以及时解决员工在企业生产经营、企业发展战略、产品/技术升级等问题上的矛盾与分歧,不利于凝聚员工之智慧和汇集员工之力量推动企业成长。

(2) 管理团队的缺位。新企业缺乏生产经营、技术研发、财务管理、人力资源管理等方面的专业人才,使其在市场运作中失去市场核心竞争力。

(一) 企业危机管理的原则

1. 制度化原则

危机发生的具体时间、实际规模、具体态势和影响深度,是难以完全预测的。这种突发事件往往会在很短时间内对企业或品牌产生恶劣影响。因此,企业内部应该有制度化、系统化的有关危机管理和灾难恢复方面的业务流程和组织机构。这些流程在业务正常时没有作用,但是危机发生时会及时启动并有效运转,对危机的处理发挥重要作用。国际上一些大公司在危机发生时往往能够应付自如,其关键之一是制度化的危机处理机制,使得在发生危机时可以快速启动相应机制,全面而井然有序地开展工作。因此,企业应建立明确的危机管理制度、有效的组织管理机制、成熟的危机管理培训制度,逐步提高危机管理的快速反应能力。

2. 信息应用原则

随着信息技术日益广泛地被应用于政府和企业管理,良好的管理信息系统对企业危机管理的作用也日益明显。信息社会中,企业只有持续获得准确、及

时、新鲜的信息资料,才能保证自己的生存和发展。预防危机必须建立高度灵敏、准确的信息监测系统,随时搜集各方面的信息,及时分析和处理,从而把隐患消灭在萌芽状态。在危机处理时,信息系统有助于有效诊断危机原因、及时汇总和传达相关信息,并有助于企业各部门统一口径,协调作业,及时采取补救的措施。

3. 预防原则

防患于未然永远是危机管理最基本和最重要的要求。危机管理的重点应放在危机发生前的预防,预防与控制是成本最低、最简便的方法。为此,建立一套规范、全面的危机管理预警系统是必要的。现实中,危机的发生具有多种前兆,几乎所有的危机都是可以通过预防来化解的。危机的前兆主要表现在产品或服务等存在缺陷、企业高层管理人员大量流失、企业负债过高且长期依赖银行贷款、企业销售额连续下降和企业连续多年亏损等。因此,企业要从危机征兆中透视企业存在的危机,企业越早认识到存在的危机,越早采取适当的行动,越可能控制住危机的发展。企业常见的危机管理模式如图8-8所示。

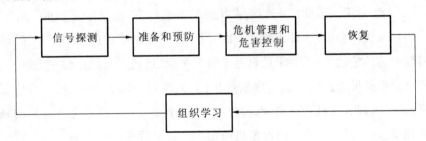

图 8-8 企业常见危机管理模式

4. 企业领导重视和参与原则

企业高层的直接参与和领导是有效解决危机的重要措施。危机处理工作对内涉及从后勤、生产、营销到财务、法律、人事等各个部门,对外不仅需要与政府、媒体打交道,还要与消费者、客户、供应商、渠道商、股东、债权银行、工会等方方面面进行沟通。如果没有企业高层领导的统一指挥协调,很难想象这么多部门能做到口径一致、步调一致、协作支持并快速行动。

5. 创新性原则

知识经济时代,创新已日益成为企业发展的核心因素。危机处理既要充分借鉴成功的处理经验,也要根据危机的实际情况,尤其要借助新技术、新信息和新思维，大胆利用企业危机意外性、破坏性、紧迫性的特点，采取超常规的创新手段处理危机。在遇到"非典"这种突发危机时，青岛啤酒公司（简称"青啤"）通过渠道创新和销售终端创新牢牢地抓住了商机。青啤在许多城市通过与配送桶装水的公司的送水系统联合，利用他们的配送网络，实现了"非接触"式的送货上门。

（二）企业风险控制的意义

危机并不会毫无原因地突然发生，它是系统运转复杂化必然的伴生现象。复杂的社会系统必须具备防范危机的意识和能力。美国圣塔非研究所（Santa Fe Institute）是一个专门研究混沌与复杂现象的学术机构。他们给"复杂"下的定义是：多项自变量同时对一个应变量发生作用；与此同时，多项自变量本身还相互作用，由此造成的复杂性现象。对于现代企业而言，其系统的复杂性具体表现在人的因素与技术的因素多项、共时、互动的过程之中。当系统管理者无法和谐地整合这些因素，无法预测共时互动的每一个结果，无法保持各部分衔接每次都准确无误时，系统的误差与事故便逐渐积累并导致正常状态的突然改变，从而发生危机。因此危机是正常状态的突然改变，是复杂系统的"病变"形式。而在现代社会里，这种正常状态的突然改变，复杂系统的"病变"形式，已经变得越来越经常化了，以至于危机对于组织来说，已经不是一次性突发事件了。虽然有的危机可能是因为偶然因素产生的，但在许多情况下，危机的发生都有其必然性。因此，危机管理在今天的社会已经不再是一个处理突发事件的临时性管理项目，而要时刻准备应对危机的发生。危机管理已经影响到一个组织的生死存亡，已经上升到战略管理的高度。"非典"事件的发生和发展也说明了危机管理的重要性，本来可以成为非常小的一次事件，最后却演变成一个影响到全中国甚至是全世界的重大危机。同样，美国也有非典型肺炎，还有其他各种传染疾病，例如艾滋病、西尼罗病、猴天花等，这些致命的传染病并没有引起全社会的恐慌，不是因为美国人不怕这些病，而是因为存在有效的危机管理系统，使得这些疾病在很小的范围内得到了控制，没有成为影响全社会的重大危机。危机管理是一种系统的管理，因此不能把危机管理与组织中其他重要的项目分开来处理，而必须与组织的形态、战略的规划、质量的保证、品牌的树立等一系列重要的事情紧密联系，否则，危机管理无法成功。一种行之有效的方法就是应该将其置于一定的理论框架之内执行。

三、不同成长阶段的危机管理

(一) 创业期的危机管理

初创期企业的关键在于求得生存。没有消费者,没有能够满足消费者需求的产品或服务,企业就无法生存。因此,虽然创业期的新创企业必须执行组织成功所需的所有关键任务,但是其中之重中之重在于用产品或服务把握市场机会、实践商业模式。企业目标可以是开拓全新的细分市场领域,也可以是以更符合需求的产品或服务进入已经存在的目标市场;企业可能完全落实了最初的创业构想,也可能在另外一个市场中站稳了脚跟。但无论如何,创业期的企业必定要在某一个细分市场中有所建树,否则企业将无法生存。从这个意义上说,市场拓展危机是创业期企业面临的最大危机。

创业期的创业企业容易出现的错误并可能导致危机的主要原因是简单估算市场前景。处于快速成长阶段的新创企业,有时对市场需求的增长预测过多地依赖内部信息,诸如订单的增多、一线销售队伍的信息反馈,而忽视了未来市场的客观走向。在这一阶段,企业的工作重点是增大"市场份额",销售"多多益善",容易造成对市场增长的人为乐观。企业的工作重心很容易被销售人员和供货部门主导,而产品研发、人才培养和运作效益的管理等难以得到高层经理的关注。新创企业从上到下缺乏冷静的分析,如市场的承受力,整个行业的生产规模,新进入该市场的商家数量,企业的竞争优势将会保持还是会被削弱等。而且,市场发展的客观规律是,当先行企业快速成长的时候,竞争对手发现了市场的前景,不断进入,产品开始出现多样化,客户有了更多的选择,市场竞争结构趋向于复杂化、多极化。对于那些靠单一产品起家的企业,如果仍旧把宝押在单一产品上,并且希望靠数量的增加来扩大市场占有率,将是一个十分危险的策略。

想要在危机四伏的市场竞争中成为最终的胜利者,就需要从美好的创业构想中摆脱出来,在产品研发、中试、投产、投放市场等一系列过程中,冷静观察目标市场的发育状况,客观分析消费者对新产品的预期和可能的接受程度,尤其要随时监测影响目标市场成熟度的相关因素的发展情况。

针对创业期创业企业市场拓展危机有如下解决办法。

1. 搭建策略调整机制

在积累了市场开拓的经验后,新创企业的创业团队必定会随着外部环境和内部资源条件的变化,修正最初的设想,形成在同一个方向上积累性的投资行为,这样战略路线就会越来越清晰。而这些投资行为、战略路线,具体到市场营销的战术层面上,也同样需要很好地适应变化中的行业结构,需要高效地整合并运用企业的各类资源。一个刚性的市场营销系统必然会受到内外部环境负面的反馈。建立市场监测及策略调整机制,也就是在企业运营过程中,定期重复市场分析过程,保持对关键市场信号的敏感度,结合产品试销推广阶段,调整先期制定的市场营销策略的机制。

2. 放弃及等待策略

"有所为,有所不为"这句话不仅大公司在进行多元化战略时需要时刻牢记,新创企业在选择业务内容时也可以作为参考。在实践创业设想的过程中,如果新创企业清楚自己提供的产品或服务不仅与短期市场需求不符,而且与三五年内的市场需求也不可能接轨,那么就有必要终止对现有产品或服务的人力、物力和财力的投入;如果新创企业能够确定现有产品短期内不符合市场需求,但不能判断出三五年是否能适应市场的变化,那么暂时停止或大幅减少对现有产品或服务的投入,等待市场趋势的明朗不失为一种理性的选择。此时的等待并不消极,而是充分获取灵活性的价值,因为等待意味着拥有对未来做出进一步决策的权力,而这种权力具有优于现在就做出决策的价值。

3. 与强者联合规避市场风险

新创企业在创业实践过程中,还会遇到一种情况,那就是虽然短期内市场对它们提供的产品或服务的需求不够明显,但是经过一定时间的投入和培育,消费者的需求就会被唤起。当然,需求被唤起之后,企业的经营业绩取决于当时的经营实力和资源情况。在这种背景下,借助行业中强势企业的力量,借船出海,是最为有效、便捷的方法之一。

4. 顺应市场周期的营销策略

仔细分析一般产品的典型销售历史,就会发现它们会经历从初创期到成长期然后进入成熟期,直至衰退期的生命周期。在每一阶段,企业将面对不同利润潜力和销售增长潜力的机会与问题,所选择的营销策略也需要做出相应的调整。那些成功把握商机从而迅速成长的企业,未能经历拓展初期的煎熬,最容易忽略行业竞争结构和生命周期的发展变化,也最容易将初创阶段市场营销上的技巧归纳为成功经验继续推广使用。

(二)成长期的危机管理

成长期企业的销售收入快速增长、人员迅速膨胀、业务不断拓展、机构不断增加,表面的欣欣向荣没能预示陷阱和悬崖,企业成长的速度似乎超出了人力控制的范围。未来的命运取决于企业如何处理其中暗藏的种种问题。在这样一个惊险刺激但又前景美好的阶段,新创企业成败的关键在于成功地获取并驾驭所需的资源,建立和完善采购、产品递送、会计、收款、招聘等日常运营系统,使得不断增加的资源在可控的范围能为企业成长服务。成长期企业需要学会透过现象看本质,也就是要能够不被人员增加、客户增加、业务增加、机构增加等物质形态的现象所蒙蔽,要时刻关注企业经营的货币化结果。而且,这种货币化的结果绝不仅仅是最终的利润表现,关键是现金流的实际状况。

1. 成长期创业企业在现金流方面容易出现的错误

(1)融资计划的短期性。一般情况下,新创企业会依照某一领域产品研发情况制订商业计划进行融资。融资成功后,创业团队会按照原有的计划,投入资金、人才等进行近期的产品开发。在这期间,如果没能组织人员对产品的市场环境进行跟进研究,也没有对企业开拓市场所需要投入的人力、资金及各种资源进行必要的计划和准备,那么,等到研发过程结束后,产品市场可能并未按照经营者在融资时计划的那样成长起来,前期投资的成果无法得到市场的认可和回报,或者第一轮所融资金大部分已用于购置研发设备和支付研发期间费用,等到产品进入市场时,企业已无充裕资金进行市场开拓。短期的辉煌和创业冲动过后,创业团队将陷入市场和资金的双重困境中。缺乏长远的资金规划是产生这一现象的主要原因。

(2)内部现金支出控制体系不规范。仔细盘点,这样的财务失控的问题在巨人、亚细亚、飞龙等当时轰动全国的类似案例中都有发生。它们在企业快速扩张的辉煌业绩掩盖下,过多地关注市场运作,使得企业现金支出内部控制系统严重滞后于经营发展的要求,导致了组织体的坏死。

(3)盲目投资导致的现金流降低。巨人集团为追求资产的盈利性,以超过其资金实力十几倍的规模投资于资金周转周期长的房地产业。固定资产的整体性和时间约束性,使公司有限的财务资源被冻结,造成资金周转困难,形成了十分严峻的资产盈利性与流动性矛盾。更严重的是,受房地产投资失误的影响,生物工程的基本费用和广告费用被抽调到房地产投资中,正常运作深受影响。多元化经营不仅没能在主营业务行业性低谷的情况下帮助巨人集团分散风险、渡过难关,反而因为资金运作不当,在没有利用财务杠杆的情况下,将资金投入到固定资产中,降低了资金的流动性,而陷入了财务困境。

2. 成长期创业企业现金流问题的解决办法

(1) 运用收付实现制的财务制度控制现金流。权责发生制是在费用和销售发生时入账,收付实现制则是在付出和收到现金时入账。前者不能真实反映现金的流入和流出,报表上的业务收入和净利润值并不是企业实际交易发生的现金情况;后者与现金流量更一致,更利于现金流管理。一般而言,权责发生制适用于短期现金流充足的大企业,而通过收付现金流量表,可以仔细分析预算的现金流量与现实的现金流量的差距,从而采取有针对性的措施改善现金流状况。

(2) 短期激励与长期激励相结合的节约现金流策略。从各类人才的择业风险来看,进入新创企业相比进入成熟企业来说要承担更大的风险,这种风险主要来自于新创企业未来发展的不确定性,因此员工通常会要求高于成熟企业的回报,包括物质方面的回报和学习、能力增长等自身成长方面的回报。为了与成熟企业争夺优秀人才,新创企业不仅需要为员工规划清晰的发展前景,还必须支付相对较高的人工成本。高额的短期激励方式不仅会增加企业现金流的负担,而且不具备对员工的长期约束效果。国内许多企业,例如华为,在初创阶段,创造性地采取了变短期激励为长期激励的策略,不仅承诺员工高于行业平均水平的个人收入,而且以企业年金、股权、股票期权等长期激励的方式兑现个人收益,不仅解决了短期的现金流压力,而且将员工个人利益直接与企业的长期发展联系在了一起。

(三) 成熟期的危机管理

成熟期创业企业易出现组织人员危机,解决办法是构建组织。构建组织与创建商业模式是完全不同的两件事情。杜兰特利用自己的商业天赋创建了通用汽车初期的发展模式,而斯隆则利用理性思维为通用汽车建立了一个能够运行近一个世纪的组织。与创立之初相比,通用汽车的商业模式与经营理念发生了许多变化,但整个组织的基本原则与信念并没有太大的变化。从这个角度来看,构建组织比创建商业模式需要更多的精心设计,与此相对应的是,构建组织的方法与经验更容易被传授学习。但这绝对不是一蹴而就的事情,而是需要精心权衡的过程。对于组织的设计者来说,既要保持企业原有的企业家精神和创新源泉,又要构建一整套制度体系来保证企业的运行不依赖任何人。有计划有针对性地引进一些在大公司工作过的职业经理人,有助于这一过程的实现。虽然职业经理人的引进可能会为组织的发展带来新的问题,但创业者应该学会把问题控制在最小范围内,并利用权威和职业经理人的经验构建一个更有张力和效率的组织。

附录　大学生创新创业主要扶持政策

附录 A　国家相关扶持政策

国家税务总局 财政部 人力资源和社会保障部 教育部 民政部关于支持和促进重点群体创业就业有关税收政策具体实施问题的公告

国家税务总局公告 2014 年第 34 号

为贯彻落实《财政部 国家税务总局 人力资源和社会保障部关于继续实施支持和促进重点群体创业就业有关税收政策的通知》(财税〔2014〕39 号)精神,现将创业就业有关税收政策的具体实施意见公告如下:

一、个体经营税收政策

(一)申请

1.在人力资源社会保障部门公共就业服务机构登记失业半年以上的人员、零就业家庭或享受城市居民最低生活保障家庭劳动年龄内的登记失业人员,可持《就业失业登记证》、个体工商户登记执照和税务登记证向创业地县以上(含县级,下同)人力资源社会保障部门提出申请。县以上人力资源社会保障部门应当按照财税〔2014〕39 号文件的规定,核实创业人员是否享受过税收扶持政策。核实后,对符合条件人员在《就业失业登记证》上注明"自主创业税收政策"。

2.毕业年度高校毕业生在校期间创业的,可注册登录教育部大学生创业服务网(网址:http://cy.ncss.org.cn),提交《高校毕业生自主创业证》申请表,由所在高校进行网上信息审核确认,学校所在地省级教育行政部门依据学生学籍学历电子注册数据库,对高校毕业生身份、学籍学历、是否是应届高校毕业生等信息进行核实后,向高校毕业生发放《高校毕业生自主创业证》,并在数据库中将其标注为"已领取《高校毕业生自主创业证》"。高校毕业生持《高校毕业生自主创业证》向创业地人力资源社会保障部门提出申请,由创业地人力资源社会保障部门相应核发《就业失业登记证》。

3.毕业年度高校毕业生离校后创业的,可凭毕业证,直接向创业地县以上人力资源社会保障部门提出申请。县以上人力资源社会保障部门在对人员范围、就业失业状态、已享受政策情况核实后,对符合条件人员相应核发《就业失业登记证》,并注明"自主创业税收政策"。

(二)税款减免顺序及额度

符合条件人员从事个体经营的,按照财税〔2014〕39号文件第一条的规定,在年度减免税限额内,依次扣减营业税、城市维护建设税、教育费附加、地方教育附加和个人所得税。纳税人的实际经营期不足一年的,应当以实际月份换算其减免税限额。换算公式为:减免税限额=年度减免税限额÷12×实际经营月数。

纳税人实际应缴纳的营业税、城市维护建设税、教育费附加、地方教育附加和个人所得税小于减免税限额的,以实际应缴纳的营业税、城市维护建设税、教育费附加、地方教育附加和个人所得税税额为限;实际应缴纳的营业税、城市维护建设税、教育费附加、地方教育附加和个人所得税大于减免税限额的,以减免税限额为限。

(三)税收减免备案

纳税人在享受税收优惠政策后的当月,持《就业失业登记证》(注明"自主创业税收政策"或附着《高校毕业生自主创业证》)和税务机关要求的相关材料向其主管税务机关备案。

二、企业、民办非企业单位吸纳税收政策

(一)申请

符合条件的企业、民办非企业单位持下列材料向县以上人力资源社会保障

部门递交申请：

1. 新招用人员持有的《就业失业登记证》。

2. 企业、民办非企业单位与新招用持《就业失业登记证》人员签订的劳动合同（副本），企业、民办非企业单位为职工缴纳的社会保险费记录。

3. 《持〈就业失业登记证〉人员本年度实际工作时间表》（见附件）。

4. 人力资源社会保障部门要求的其他材料。

其中，劳动就业服务企业要提交《劳动就业服务企业证书》，民办非企业单位提交《民办非企业单位登记证书》。

县以上人力资源社会保障部门接到企业、民办非企业单位报送的材料后，应当按照财税〔2014〕39号文件的规定，重点核实以下情况：

1. 新招用人员是否属于享受税收优惠政策人员范围，以前是否已享受过税收优惠政策；

2. 企业、民办非企业单位是否与新招用人员签订了1年以上期限劳动合同，为新招用人员缴纳社会保险费的记录；

3. 企业、民办非企业单位的经营范围是否符合税收政策规定。

核实后，对符合条件的人员，在《就业失业登记证》上注明"企业吸纳税收政策"，对符合条件的企业、民办非企业单位核发《企业实体吸纳失业人员认定证明》。

（二）税款减免顺序及额度

1. 纳税人按本单位吸纳人数和签订的劳动合同时间核定本单位减免税总额，在减免税总额内每月依次扣减营业税、城市维护建设税、教育费附加和地方教育附加。纳税人实际应缴纳的营业税、城市维护建设税、教育费附加和地方教育附加小于核定减免税总额的，以实际应缴纳的营业税、城市维护建设税、教育费附加、地方教育附加为限；实际应缴纳的营业税、城市维护建设税、教育费附加和地方教育附加大于核定减免税总额的，以核定减免税总额为限。

纳税年度终了，如果纳税人实际减免的营业税、城市维护建设税、教育费附加和地方教育附加小于核定的减免税总额，纳税人在企业所得税汇算清缴时，以差额部分扣减企业所得税。当年扣减不足的，不再结转以后年度扣减。

$$减免税总额 = \sum 每名失业人员本年度在本企业工作月份 \div 12 \times 定额$$

企业、民办非企业单位自吸纳失业人员的次月起享受税收优惠政策。

2.第二年及以后年度当年新招用人员、原招用人员及其工作时间按上述程序和办法执行。每名失业人员享受税收优惠政策的期限最长不超过3年。

(三)税收减免备案

1.经县以上人力资源社会保障部门核实后,纳税人依法享受税收优惠政策。纳税人持县以上人力资源社会保障部门核发的《企业实体吸纳失业人员认定证明》《持〈就业失业登记证〉人员本年度实际工作时间表》和税务机关要求的其他材料,在享受税收优惠政策后的当月向主管税务机关备案。

2.企业、民办非企业单位纳税年度终了前招用失业人员发生变化的,应当在人员变化次月按照前项规定重新备案。

三、管理

(一)严格各项凭证的审核发放。任何单位或个人不得伪造、涂改、转让、出租相关凭证,违者将依法予以惩处;对采取上述手段已经获取减免税的企业、民办非企业单位和个人,主管税务机关要追缴其已减免的税款,并依法予以处罚;对出借、转让《就业失业登记证》的人员,主管人力资源社会保障部门要收回其《就业失业登记证》并记录在案。

(二)《就业失业登记证》采用实名制,限持证者本人使用。创业人员从事个体经营的,《就业失业登记证》由本人保管;被用人单位录用的,享受税收优惠政策期间,证件由用人单位保管。《就业失业登记证》由人力资源社会保障部统一样式,各省、自治区、直辖市人力资源社会保障部门负责印制,统一编号备案,作为审核劳动者就业失业状况和享受政策情况的有效凭证。

(三)《企业实体吸纳失业人员认定证明》由人力资源和社会保障部统一样式,各省、自治区、直辖市人力资源社会保障部门统一印制,统一编号备案。

(四)《高校毕业生自主创业证》采用实名制,限持证者本人使用。《高校毕业生自主创业证》由教育部统一样式,各省、自治区、直辖市教育行政部门负责印制,其中注明申领人姓名、身份证号、毕业院校等信息,并粘贴申领人本人照片。

(五)县以上税务、财政、人力资源社会保障、教育、民政部门要建立劳动者就业信息交换和协查制度。人力资源和社会保障部建立全国统一的就业信息平台,供各级人力资源社会保障、税务、财政、民政部门查询《就业失业登记证》信息。地方各级人力资源社会保障部门要及时将《就业失业登记证》信息(包括发放信息和内容更新信息)按规定上报人力资源和社会保障部。教育部门要按季将《高校毕业生自主创业证》发放情况以电子、纸质文件等形式通报同级人力资源社会保障部门和税务机关。

(六)主管税务机关应当在纳税人备案时,在《就业失业登记证》中加盖戳记,注明减免税所属时间。各级税务机关对《就业失业登记证》有疑问的,可提请同级人力资源社会保障部门予以协查,同级人力资源社会保障部门应根据具体情况规定合理的工作时限,并在时限内将协查结果通报提请协查的税务机关。

本公告自2014年1月1日起施行。《国家税务总局 财政部 人力资源和社会保障部 教育部关于支持和促进就业有关税收政策具体实施问题的公告》(国家税务总局公告2010年第25号)同时废止。

特此公告。

附件:持《就业失业登记证》人员本年度实际工作时间表[①]

国家税务总局　财政部
人力资源和社会保障部　教育部
民政部
2014年5月30日

---

① 本书引用从略。

关于支持和促进重点群体创业就业税收政策
有关问题的补充通知

财税〔2015〕18号

各省、自治区、直辖市、计划单列市财政厅(局)、国家税务局、地方税务局、人力资源和社会保障厅(局)、教育厅(教委),新疆生产建设兵团财务局、人力资源和社会保障局、教育局:

  为进一步简化享受税收优惠政策程序,经国务院批准,现对《财政部 国家税务总局 人力资源和社会保障部关于继续实施支持和促进重点群体创业就业有关税收政策的通知》(财税〔2014〕39号)补充通知如下:

  一、将《就业失业登记证》更名为《就业创业证》,已发放的《就业失业登记证》继续有效,不再统一更换。《就业创业证》的发放、使用、管理等事项按人力资源和社会保障部的有关规定执行。各地可印制一批《就业创业证》先向有需求的毕业年度内高校毕业生发放。

  二、取消《高校毕业生自主创业证》,毕业年度内高校毕业生从事个体经营的,持《就业创业证》(注明"毕业年度内自主创业税收政策")享受税收优惠政策。

  三、毕业年度内高校毕业生在校期间凭学生证向公共就业服务机构按规定申领《就业创业证》,或委托所在高校就业指导中心向公共就业服务机构按规定代为其申领《就业创业证》;毕业年度内高校毕业生离校后直接向公共就业服务机构按规定申领《就业创业证》。

  本通知自发布之日起施行,各地财政、税务、人力资源社会保障、教育部门要认真做好新旧政策的衔接工作,主动做好政策宣传和解释工作,加强部门间的协调配合,确保政策落实到位。

财政部 税务总局 人力资源和社会保障部 教育部
2015年1月27日

教育部关于做好2018届全国普通高等学校毕业生就业创业工作的通知

教学〔2017〕11号

各省、自治区、直辖市教育厅(教委),有关省、自治区人力资源和社会保障厅,部属各高等学校:

就业是最大的民生。高校毕业生就业事关广大学生及其家庭切身利益,事关社会主义现代化建设,事关社会和谐稳定。为深入贯彻落实党的十九大精神和习近平新时代中国特色社会主义思想,促进高校毕业生多渠道就业创业,努力实现更高质量和更充分就业,现就做好2018届高校毕业生就业创业工作通知如下:

一、鼓励毕业生服务国家发展战略

1. 引导毕业生到重点领域就业。各地各高校要围绕国家经济社会发展需要,主动对接国家发展战略需求,向重点地区、重大工程、重大项目、重要领域输送毕业生。结合"一带一路"建设、京津冀协同发展、长江经济带发展,大力开拓就业岗位。落实区域协调发展战略,引导毕业生到中西部地区、东北地区和艰苦边远地区就业。

2. 促进毕业生到新兴领域就业创业。各地各高校要结合建设科技强国、质量强国、航天强国、网络强国、交通强国、数字中国、智慧社会要求,引导毕业生到高技术产业、战略性新兴产业、先进制造业和现代服务业等领域就业创业。深入挖掘互联网、大数据、人工智能和实体经济深度融合创造的就业机会,在共享经济、现代供应链、人力资本服务等领域拓展就业新空间。

3. 鼓励毕业生到国际组织实习任职。各地各高校要加强政策支持力度,在经费资助、教学管理、就业服务等方面出台具体举措。高校要结合人才培养特色和学科优势,加快培养具有参与全球治理能力的高素质人才。加强与国际组织联系,拓宽合作交流渠道。及时收集发布国际组织招聘信息,把国际组织相关内容纳入就业指导教材和课程,通过开展讲座报告、项目推介、组建社团等多种方式,为毕业生到国际组织实习任职提供咨询、指导、培训等服务。

二、引导毕业生到基层就业

1. 拓宽毕业生基层就业渠道。各地各高校要深入贯彻中央《关于进一步引导和鼓励高校毕业生到基层工作的意见》,落实好基层就业学费补偿代偿等政策,实施高校毕业生基层成长计划。服务乡村振兴战略,引导毕业生到现代种业、农产品加工、农村电子商务等一、二、三产业就业创业。继续组织实施好"教师特岗计划""大学生村官""三支一扶""西部计划"等中央基层就业项目。鼓励毕业生到城乡基层从事教育文化、健康养老、扶贫开发等工作,到社会组织就业。

2. 继续做好大学生征兵工作。各地各高校要深入学习贯彻习近平总书记给南开大学新入伍大学生回信精神,加强与兵役机关协调配合,落实学费资助、复学升学、就业创业等优惠政策,共同组织咨询周、宣传月等活动。加强高校大学生征兵机构建设,面向毕业生、在校生及新生等群体开展宣传动员,在高校放暑假前对体检、政考合格的学生发放"大学生预定兵通知书"。

3. 鼓励毕业生到中小微企业就业。各地各高校要充分发挥中小微企业吸纳毕业生就业的主渠道作用,广泛收集发布岗位信息,办好全国中小企业网上百日招聘等活动。省级教育部门要积极配合人力资源社会保障、税务、中小企业主管部门等,落实小微企业吸纳毕业生的社保补贴、培训补贴、降税减负等优惠政策。高校要关心毕业生在中小微企业的成长发展,支持毕业生在小微企业进行产品研发和技术创新。

三、促进以创业带动就业

1. 深化高校创新创业教育改革。各地各高校要把创新创业教育改革作为高等教育综合改革的重要突破口,在培养方案、课程体系、教学方法和管理制度等方面将改革持续向纵深推进,促进专业教育与创新创业教育有机融合,将创新创业教育贯穿人才培养全过程。强化创新创业实践,办好各级各类创新创业竞赛,着力培养学生的创新精神和创造能力。

2. 落实创新创业优惠政策。省级教育部门要配合有关部门进一步完善落实工商登记、税费减免、创业贷款等优惠政策,为毕业生创新创业开辟"绿色通道"。高校要细化完善教学和学籍管理制度,进一步落实创新创业学分积累与转换、弹性学制管理、保留学籍休学创业、支持创新创业学生复学后转入相关专业学习等政策。

3. 提升创新创业服务保障能力。各地各高校要加快发展众创空间，依托创业园、创业孵化基地等为毕业生创新创业提供场地支持。多渠道筹措资金，综合运用政府支持、学校自筹以及信贷、创投、社会公益、无偿许可专利等方式扶持大学生自主创业。建立健全国家、省级、高校大学生创业服务平台，聘请行业专家、创业校友等担任导师，通过举办讲座、论坛、沙龙等活动，为大学生创业提供信息咨询、管理运营、项目对接、知识产权保护等方面的指导服务。

四、提供全方位就业指导服务

1. 优化就业精准服务。各地各高校要广泛应用"互联网＋就业"新模式，通过新职业网、智慧就业等平台，根据毕业生和用人单位需求，开展精准对接服务。推动搭建跨区域、跨行业、跨类别的招聘信息服务平台，鼓励举办分层次、分类别、分行业的中小型校园招聘活动，更多采用网上初选、线下面试的便捷校园招聘模式。做好在内地（祖国大陆）高校就读的港澳台毕业生就业服务工作。

2. 加大就业困难群体帮扶力度。各地各高校要重点帮扶建档立卡贫困家庭、少数民族、身体残疾等毕业生就业困难群体，配合有关部门落实好求职创业补贴等政策。要通过开展个性化辅导、组织专场招聘、优先推荐岗位、发放求职补助等方式，确保困难群体就业一个不能少、一个不能掉队。要与人力资源社会保障部门做好离校未就业毕业生的信息衔接和服务接续工作。

3. 规范就业工作管理。各地各高校要严格落实就业签约"四不准"要求，不准以任何方式强迫毕业生签订就业协议，不准将毕业证书、学位证书发放与签约挂钩，不准以户档托管为由劝说毕业生签订虚假协议，不准将顶岗实习、见习证明材料作为就业证明材料。建立健全毕业生参与的就业状况统计核查机制。严禁发布带有歧视性内容的招聘信息，严密防范"培训贷"、求职陷阱、传销等不法行为，切实维护毕业生权益，确保校园招聘活动公平、安全、有序。有条件的地区要积极推动建立入职定点体检和结果互认机制，尽力避免手续过于繁琐、重复体检。

4. 提高就业指导能力。各地各高校要加强就业指导教师的培养培训，在专业技术职务评聘中充分考虑就业指导教师的工作性质和工作业绩，推进就业指导教师队伍职业化、专业化、专家化。把学生职业发展与就业指导课程贯穿于整个人才培养体系,将课程与学科专业相融合,探索慕课等新型课程形式。要为大学生职业发展提供个性化咨询指导。

5. 充分发挥高校毕业生就业状况反馈作用。各地各高校要认真落实就业情况统计和监测责任制,确保就业数据真实准确。不断完善就业质量评价指标体系,按时向社会发布高校毕业生就业质量年度报告。鼓励开展毕业生就业创业与职业发展状况跟踪调查,推动形成就业与招生计划、人才培养、经费拨款、院校设置、专业调整的联动机制。

五、加强组织领导和宣传教育

1. 强化组织保障。各地各高校要认真落实就业"一把手"工程,建立就业工作目标责任制,切实做到就业创业工作"机构、人员、经费、场地"四到位。省级教育部门要加强与相关部门的协调配合,共同研究制定就业政策,开展就业服务。高校要完善就业部门牵头,学工、招生、教学、创业、武装等部门参与的工作机制,形成齐抓共管的工作格局。

2. 加强监督检查。各地各高校要开展就业创业政策和工作落实情况督促检查,建立就业创业情况通报、约谈、问责等工作制度,对工作创新成效显著的要总结经验、表扬推广;对不履责、不作为的要及时纠正并要求限期整改,对发生就业率作假等违规行为的要严肃查处并追究领导责任,确保政策和工作落实到位。

3. 深化思想教育和宣传引导。各地各高校要落实全国高校思想政治工作会议精神,把思想政治工作融入高校毕业生就业创业工作全过程,坚持立德树人,引导毕业生树立科学的就业观和成才观。加强正面宣传,广泛宣传基层就业创业毕业生典型事迹,宣传解读国家促进就业创业的政策措施,努力营造有利于就业创业的良好舆论氛围。

教育部

2017 年 12 月 1 日

附录 B　广西相关扶持政策

广西壮族自治区人力资源和社会保障厅 教育厅
民政厅 财政厅 扶贫开发办公室 残疾人联合会
关于做好高校毕业生求职创业补贴发放工作的通知

桂人社发〔2017〕75 号

各市人力资源和社会保障局、教育局、民政局、财政局、扶贫办、残疾人联合会，各有关院校：

根据《国务院关于做好当前和今后一段时期就业创业工作的意见》（国发〔2017〕28 号）精神，为做好高校毕业生求职创业补贴发放工作，鼓励和支持高校毕业生积极求职创业，现就有关事项通知如下：

一、补贴对象

毕业年度的广西区内高等教育全日制毕业生（含技师学院高级工班、预备技师班和特殊教育院校职业教育类毕业生），符合下列条件之一的，可申领求职创业补贴：

（一）身患残疾。指申请人持有第二代《中华人民共和国残疾人证》。

（二）获得过国家助学贷款。指申请人获得过校园地或生源地国家助学贷款。

（三）来自贫困残疾人家庭。指申请人家庭有残疾等级为壹级或贰级的成员。

（四）来自建档立卡贫困家庭。指申请人在高校求学期间，其所在家庭被认定为建档立卡贫困家庭（含贫困退出户、脱贫户、未脱贫户）。

（五）来自享受城乡居民最低生活保障家庭。指申请人在高校求学期间，其所在家庭享受过城乡居民最低生活保障。

（六）属于特困人员（孤儿）。指申请人就读高校前或高校求学期间被认定为特困人员（孤儿）。

二、补贴标准

按上年度自治区一类地区月最低工资标准的80%一次性发放。

三、补贴申请和发放程序

（一）**毕业生自愿申请**。3月10日前，符合补贴条件的毕业年度高校毕业生按补贴申报类型，向所在高校递交申请材料。

身患残疾：1.高校毕业生求职创业补贴申请表（附件2，下同）；2.身份证复印件；3.第二代《中华人民共和国残疾人证》复印件。

获得过国家助学贷款：1.高校毕业生求职创业补贴申请表；2.身份证复印件；3.国家助学贷款合同复印件或经办银行出具的国家助学贷款证明等相关证明材料。

来自贫困残疾人家庭：1.高校毕业生求职创业补贴申请表；2.身份证复印件；3.家庭成员持有的残疾等级为壹级或贰级的第二代《中华人民共和国残疾人证》复印件；4.《居民户口簿》复印件。

来自建档立卡贫困家庭：1.高校毕业生求职创业补贴申请表；2.身份证复印件；3.有效的《广西脱贫攻坚精准帮扶手册》或县级扶贫部门出具的《农村建档立卡贫困户证明》复印件。

来自享受城乡居民最低生活保障家庭：1.高校毕业生求职创业补贴申请表；2.身份证复印件；3.乡镇人民政府（街道办）开具的享受城乡低保待遇证明（含起止日期）原件。

属于特困人员（孤儿）：1.高校毕业生求职创业补贴申请表；2.身份证复印件；3.乡镇人民政府（街道办）开具的享受特困人员（五保、城市三无）或孤儿待遇证明（含起止日期）原件。

上述材料中，身份证、《居民户口簿》、国家助学贷款合同、第二代《中华人民共和国残疾人证》、《广西脱贫攻坚精准帮扶手册》、《农村建档立卡贫困户证明》等材料，申请人需提供原件交学校查验。无法提供原件的，可提供发证机关或县级以上业务部门开具的相应证明。

未在毕业年度内申请、逾期未递交材料，或因本人原因导致补贴无法发放的，视同放弃申领资格。已领取过求职创业补贴的，不得重复申请。

（二）学校初审、公示。毕业生所在高校对申请材料的真实性、规范性和完整性进行审核，将审核通过的人员名单在校内进行不低于5个工作日的公示（公示时个人身份证号码须隐藏或遮挡部分数字）。对公示无异议的，在其申请表上签署审核意见，并于4月10日前将以下材料整理报送学校所在设区市人力资源社会保障部门。逾期未报送的，人力资源社会保障部门可不予受理，高校承担相应责任。

1. 高校毕业生求职创业补贴申请函（参考附件1）。

2. 《高校毕业生求职创业补贴汇总表》（附件3）。纸质材料加盖骑缝章，电子文档刻录成光盘，一并报送。

3. 高校毕业生递交的申请材料（人力资源社会保障部门审核后退回，由高校保管3年）。

（三）复核拨付。人力资源社会保障部门对申请材料进行复核，对拟发放补贴人员名单以适当方式向公众公示5个工作日。对公示无异议的，在其申请表上签署审核意见。对未通过复核的，将名单反馈高校并说明原因。人力资源社会保障部门填写《高校毕业生求职创业补贴审核表》（附件4）后，于6月30日前将补贴一次性拨付至高校毕业生在银行开立的个人账户。

四、资金来源

高校毕业生求职创业补贴所需资金从各级财政安排的就业补助资金中列支。

五、工作要求

各级有关部门、各高校要高度重视，明确任务分工，加强协调配合，认真做好补贴审核发放工作。教育部门要督导各高校落实求职创业补贴申领政策。教育、民政、扶贫、残联等部门要积极为符合条件的高校毕业生补办证件或开具相应证明，并通过加强部门间相关信息共享，逐步实现求职创业补贴网上申报、网上审核、联网核查。各设区市人力资源社会保障部门和各高校要设立并公布监督举报电话。对相关举报投诉，人力资源社会保障部门、教育部门、高校要会同有关部门认真核查,对经查实虚报冒领补贴的高校毕业生,责令退回补贴资金,并按照有关规定由相关部门纳入其失信档案管理。对弄虚作假骗取补贴的,要依法追究有关单位或个人责任。同时,为做好补贴发放统计工作,各设区市人力资源社会保障部门于每年7月30日前将本市《高校毕业生求职创业补贴申领统计表》(附件5)纸质版(加盖单位公章)和电子版报人力资源和社会保障厅就业促进处。

本通知自2018年1月1日起执行。2017届来自贫困残疾人家庭、建档立卡贫困家庭或属于特困人员(孤儿)的高校毕业生,可于次年与2018届申请者一起向学校提交申请,但补贴标准依照2017年标准执行。《广西壮族自治区人力资源和社会保障厅 教育厅 财政厅关于做好高校毕业生求职补贴发放工作的通知》(桂人社发〔2013〕42号)、《广西壮族自治区人力资源和社会保障厅 教育厅 财政厅 残疾人联合会关于将残疾高校毕业生纳入享受求职补贴范围的通知》(桂人社函〔2014〕313号)、《广西壮族自治区人力资源和社会保障厅 教育厅 财政厅关于进一步扩大求职创业补贴范围的通知》(桂人社发〔2015〕55号)同时废止。各设区市人力资源和社会保障局可以会同有关部门,在保证就业补助资金安全的前提下,结合实际优化补贴审核和发放流程。

附件:1.高校毕业生求职创业补贴申请函(参考模板)
2.高校毕业生求职创业补贴申请表(申请人填写)
3.高校毕业生求职创业补贴汇总表(高校填写)
4.高校毕业生求职创业补贴审核表(人社部门填写)
5.高校毕业生求职创业补贴申领统计表(人社部门填写)

广西壮族自治区人力资源和社会保障厅 广西壮族自治区教育厅
广西壮族自治区民政厅 广西壮族自治区财政厅
广西壮族自治区扶贫开发办公室 广西壮族自治区残疾人联合会
2017年12月18日

附件1

关于申请高校毕业生求职创业补贴的函
（参考模板）

　　_____市人力资源和社会保障局：

　　根据高校毕业生求职创业补贴发放有关工作要求，我们对申请人申请材料的真实性、规范性和完整性进行了审核，并于_____年_____月_____日至_____年_____月_____日进行了公示。经核，_____年，我校（院）共有_____人符合求职创业补贴条件，其中：身患残疾_____人；获得过国家助学贷款_____人；贫困残疾人家庭_____人；建档立卡贫困家庭_____人；城乡居民最低生活保障家庭_____人；特困人员（孤儿）_____人。

　　现将有关材料（含求职创业补贴汇总表电子版）整理报送你局，请予审核拨付。

　　联系人：　　　　　联系电话：

学校名称（盖章）
年　月　日

附件2

高校毕业生求职创业补贴申请表

(申请人填写)

姓名		性别		学历	
身份证号		毕业院校			
学号		专业		联系电话	
生源地		家庭住址			
家庭主要成员及联系电话		是否领取过求职创业补贴	□ 是,领取时间: □ 否		
补贴对象类别	\multicolumn{5}{l}{□ 身患残疾　　□ 特困人员(孤儿)　　□ 享受最低生活保障家庭 □ 获得国家助学贷款(合同编号:　　　　) □ 贫困残疾人家庭　　□ 建档立卡贫困家庭}
递交申请材料列表	\multicolumn{5}{l}{1. 2. 3. 4. 5.}
本人银行卡开户行		银行卡账号			
本人提供的资料均真实有效,如有虚假,本人愿承担法律责任。 　　　　　申请人: 　　　　　年 月 日			高校审核意见: 经办人:　　　　　(单位公章) 　　　　　年 月 日		
人力资源社会保障部门审核意见: 经办人:　(单位公章)　　　　　　　　　　　　　　　年 月 日					

备注:1."人员类别"对应栏用"√"勾选。同时符合多项申领条件的,只需选择一项,并依所选条件递交相应材料;

2.银行卡开户行可由人力资源社会保障部门商高校统一;

3.为便于信息辨认,除申请人、经办人须手写签名外,其余条目请在电脑上填写后打印。

附件3

_____年_____(学校)毕业生求职创业补贴汇总表

(高校填写)

学校名称(印章):　　　　　　　　　　　　　填报人:　　　　　　　　　联系电话:

序号	姓名	身份证号	补贴对象类型	银行账户		备注
				开户行	账号	
1						
2						
3						
4						
5						
6						
7						
8						
9						
…						

附件 4

高校毕业生求职创业补贴审核表

(人社部门填写)

高校申报情况	申报学校		递交材料时间	
	联系人		联系电话	
人力资源社会保障部门审核情况	经办人		联系电话	
	补贴内容			
	拟发放补贴人数		补贴标准	元/人
	补贴总额(大写)		(小写)	
	经办人意见: （签字） 年 月 日			
	部门负责人审核意见: （签字） 年 月 日		主管领导审批意见: （签字盖章） 年 月 日	
	审核未通过人员名单			
序号	姓名	身份证号	审核未通过原因	
1				
2				
3				
4				
5				
…				

备注:"审核未通过人员名单"(可另附页)需反馈申报高校。

附件 5

_____市_____届高校毕业生求职创业补贴申领统计表

（人社部门填写）

填表单位（加盖公章）：

序号	学校名称	申报人数	实发人数	实发金额	性别		补贴对象类别				
					男	女	残疾	助学贷款	贫困残疾人家庭	建档立卡贫困家庭	低保家庭	特困人员（孤儿）

广西壮族自治区财政厅 广西壮族自治区国家税务局 广西壮族自治区地方税务局 关于我区重点群体创业就业减免税定额标准的通知

桂财税〔2017〕37号

各市、县财政局,国家税务局,地方税务局;各市地方税务局直属机构;自治区地方税务局直属税务分局、稽查局:

为了进一步扩大就业,鼓励以创业带动就业,根据财政部、国家税务总局和人力资源和社会保障部《关于继续实施支持和促进重点群体创业就业有关税收政策的通知》(财税〔2017〕49号)规定,经自治区人民政府同意,现将我区重点群体创业就业减免税定额标准通知如下:

一、对持《就业失业登记证》人员从事个体经营的,在3年内按每户每年9600元的限额标准依次扣减其当年实际应缴纳的增值税、城市维护建设税、教育费附加、地方教育附加和个人所得税。

二、对商贸企业、服务型企业、劳动就业服务企业中的加工型企业和街道社区具有加工性质的小型企业实体,在新增加的岗位中,当年新招用在人力资源社会保障部门公共就业服务机构登记失业1年以上且持《就业失业登记证》人员,与其签订1年以上期限劳动合同并依法缴纳社会保险费的,在3年内按实际招用人数予以定额依次扣减增值税、城市维护建设税、教育费附加、地方教育附加和企业所得税优惠,定额标准为每人每年5200元。

上述政策的执行期限为2017年1月1日至2019年12月31日,如果该项政策到期后中央决定继续执行,我区将继续按上述标准执行。其他未尽事项,按照《关于继续实施支持和促进重点群体创业就业有关税收政策的通知》(财税〔2017〕49号)等有关规定执行。

广西壮族自治区财政厅
广西壮族自治区国家税务局
广西壮族自治区地方税务局
2017年7月17日

附录C 其他相关扶持政策

北京市人民政府办公厅关于做好2014年普通高等学校毕业生就业创业工作的实施方案

京政办发〔2014〕5号

为贯彻落实《国务院办公厅关于做好2014年全国普通高等学校毕业生就业创业工作的通知》(国办发〔2014〕22号)精神,进一步做好普通高等学校毕业生(以下简称高校毕业生)就业创业工作,现提出以下实施方案。

一、高度重视高校毕业生就业创业工作

(一)继续把高校毕业生就业创业摆在就业工作的首要位置。要充分认识做好高校毕业生就业创业工作的重要性和紧迫性,继续把高校毕业生就业创业摆在就业工作的首要位置;要立足工作实际和新的就业形势,聚焦重点难点,研究制定符合高校毕业生实际需求的就业创业政策;要充分发挥高校毕业生就业专门服务窗口和"绿色通道"作用,有条件的区县可采取"一站式"办公的方式,集中受理高校毕业生享受有关就业创业政策的申请,缩短办事周期。(责任单位:各区县政府、市各有关部门)

(二)确保高校毕业生就业形势稳定。要积极拓展新领域,发展新业态,多方位拓宽就业渠道,结合产业转型升级,开发符合首都城市战略定位的高校毕业生就业岗位。要充分发挥市场配置人力资源的决定性作用,着力改革创新,完善政策措施,强化就业创业服务,改善就业创业环境,引导高校毕业生转变就业观念,力争实现高校毕业生就业和创业比例都有所提高,确保高校毕业生就业形势稳定。(责任单位:各区县政府、市经济信息化委、市人力社保局、市教委)

二、鼓励高校毕业生到城乡基层就业

(三)引导更多高校毕业生投身现代农业。进一步加强农业社会化服务体

系建设,研究开发农业社会化服务中的就业潜力。要结合推进农业科技创新和职业农民培养,健全农业社会化服务体系和农民培训体系,引导更多高校毕业生投身现代农业。(责任单位:各区县政府、市农委、市人力社保局)

(四)进一步完善高校毕业生到中西部和艰苦边远地区就业的鼓励机制。要全面落实高校毕业生到中西部地区和艰苦边远地区县以下基层单位就业的学费补偿和助学贷款代偿政策,并按规定做好奖励资金的发放工作。高校毕业生在本市远郊区县乡镇以下基层单位从事专业技术工作,申报相应职称时,可不参加职称外语考试。(责任单位:市财政局、市教委、市人力社保局)

(五)继续统筹实施好各类基层服务项目。要继续做好大学生村官等基层服务项目,不断健全鼓励高校毕业生到基层工作的服务保障机制。要为高校毕业生参加实习、见习、志愿服务等活动创造条件,并将参加实习、见习、志愿服务等活动作为高校毕业生求职的实践经历。要做好高校毕业生参军入伍服务工作,加强征兵组织机构建设,在本市普通高校中设立征兵工作领导小组,由专人负责征兵工作;征兵任务分配方式以户籍人口为基本依据适当向高校集中,鼓励支持更多高校毕业生参军入伍。(责任单位:各区县政府、市征兵办、市教委、市人力社保局)

三、鼓励小型微型企业吸纳高校毕业生就业

(六)引导高校毕业生到小型微型企业就业。要认真贯彻落实《国务院关于进一步支持小型微型企业健康发展的意见》(国发〔2012〕14号),为小型微型企业发展创造良好环境,推动小型微型企业在转型升级过程中创造更多岗位吸纳高校毕业生就业。对小型微型企业新招用毕业年度高校毕业生,签订1年以上劳动合同并按时足额缴纳社会保险费的,给予1年的社会保险补贴,政策执行期限截至2015年年底。

科技型小型微型企业招收毕业年度高校毕业生达到一定比例的,可申请最高不超过200万元的小额担保贷款,并享受财政贴息。对小型微型企业新招用本市高校毕业生,并从招用之日起6个月内开展岗前培训或职业资格培训的,按规定给予培训补贴。(责任单位:市人力社保局、市经济信息化委、市财政局)

四、实施大学生创业引领计划

（七）深入实施大学生创业引领计划。2014年至2017年,在全市范围内实施大学生创业引领计划,力争引领不少于2万名大学生在京创业。通过提供创业服务,落实创业扶持政策,提升创业能力,帮助和扶持更多高校毕业生自主创业,逐步提高高校毕业生创业比例。各高校要广泛开展创新创业教育,将创业教育课程纳入学分管理,研发适合高校毕业生特点的创业培训课程,根据需求开展创业培训,提升高校毕业生创业意识和创业能力。全市各级公共就业人才服务机构要为自主创业的高校毕业生做好人事代理、档案保管、社会保险办理和接续、职称评定、权益保障等服务。(责任单位:各区县政府、市人力社保局、市发展改革委、市教委、市科委、市经济信息化委、市工商局、团市委、人民银行营业管理部)

（八）积极完善和落实高校毕业生创业优惠政策。要落实关于工商登记制度改革的各项政策措施,为高校毕业生创办企业提供便利的服务。要充分利用现有资源建设大学生创业园、创业孵化基地和小企业创业基地,为高校毕业生提供创业经营场所支持,有条件的区县可制定经营场所租金补贴办法,对符合条件的自主创业大学生按规定给予经营场所租金补贴。对高校毕业生创办的小型微型企业,按规定落实好减半征收企业所得税、月销售额不超过2万元的暂免征收增值税和营业税等税收优惠政策。对从事个体经营的高校毕业生和毕业年度内的高校毕业生,按规定落实相关税收优惠政策。留学回国的高校毕业生自主创业,符合条件的,可享受现行高校毕业生创业扶持政策。(责任单位:各区县政府、市财政局、市工商局、市国税局、市地税局、市人力社保局、市教委、团市委)

（九）加强对高校毕业生就业创业的资金扶持。各银行业金融机构要积极探索和创新符合高校毕业生创业实际需求特点的金融产品和服务方式,本着风险可控和方便高校毕业生享受政策的原则,降低贷款门槛,优化贷款审批流程,提升贷款审批效率。人民银行营业管理部要引导辖区内银行加快落实支持高校毕业生就业创业的相关政策,以推动落实科技金融政策为着力点,选择适宜的高校或产业园区创业孵化基地,以金融手段支持高校毕业生创业就业。要通过进一步完善抵押、质押、联保、保证和信用贷款等多种方式,多途径为高校毕业生解决反担保难的问题,切实落实银行贷款和财政贴息,做好小额担保贷款业务。在电子商务网络平台开办"网店"的高校毕业生,可按相关规定享受小额担保贷款和贴息政策。充分发挥中小企业发展专项资金的积极作用,推动改善创业环境。鼓励企业、行业协会、群团组织、天使投资人等以多种方式向自主创业大学生提供资金支持,设立重点面向扶持高校毕业生创业的天使投资和创业投资基金。对支持创业早期企业的投资,符合条件的,可享受创业投资企业相关企业所得税优惠政策。(责任单位:人民银行营业管理部、市人力社保局、市财政局、市教委、市国税局、市地税局、中关村科技园区管委会)

五、深入实施离校未就业高校毕业生就业促进计划

(十)做好未就业高校毕业生离校前后信息衔接和服务接续工作。要将离校未就业高校毕业生全部纳入公共就业人才服务范围,采取有效措施,力争使每一名有就业意愿的未就业高校毕业生在毕业半年内都能实现就业或参加到就业准备活动中。做好未就业高校毕业生离校前后信息衔接和服务接续工作,切实保证服务不断线。市教育部门要将有就业意愿的离校未就业高校毕业生的实名信息及时提供给市人力社保部门;市人力社保部门要建立离校未就业高校毕业生实名信息数据库,全面实行实名制就业服务。全市各级公共就业人才服务机构和基层就业服务平台要及时主动与实名登记的未就业高校毕业生联系,摸清就业需求,提供有针对性的就业服务。(责任单位:各区县政府、市人力社保局、市教委)

(十一)做好高校毕业生就业见习工作。要结合本市产业发展需要和高校毕业生就业见习意愿及需求,扩大就业见习规模,提升就业见习质量,确保凡有见习需求的高校毕业生都能得到见习机会。适时研究提高见习人员见习期间基本生活补助标准。在高校毕业生就业服务部门申请就业见习,并在见习期间参加职业培训的本市高校毕业生,凭执业资格证书及相关证明,可享受一次职业培训补贴。(责任单位:市人力社保局、市财政局)

(十二)开展离校未就业高校毕业生技能就业培训专项行动。要继续推动离校未就业高校毕业生技能就业培训专项行动,结合本市产业结构调整和高校毕业生需求,创新职业培训课程和培训方式,提高职业培训的针对性和实效性。积极组织国家级重点以上技工院校和具有合法办学资质、实力较强的职业培训

机构,为离校未就业高校毕业生提供培训服务,使每一名有培训愿望的离校未就业高校毕业生都有机会参加职业技能培训。(责任单位:市人力社保局、市教委)

六、加强就业指导、就业服务和就业援助

(十三)不断创新高校毕业生就业服务形式。要根据高校毕业生特点和求职需求,创新服务方式,改进服务措施,提高服务质量,促进更多的高校毕业生通过市场实现就业。加强网络信息服务,建立健全全市公共就业信息服务平台,加快招聘信息联网,更多开展网络招聘,为用人单位招聘和高校毕业生求职提供高效便捷的就业信息服务。积极开展公共就业人才服务进校园活动,为高校毕业生送政策、送指导、送信息,特别是要让高校毕业生知晓获取就业政策和岗位信息的渠道。精心组织民营企业招聘周、高校毕业生就业服务月、就业服务周活动,积极参与大中城市联合招聘高校毕业生专场活动和每季度的全国高校毕业生网络招聘月等专项服务活动,搭建供需信息平台,积极促进对接。各高校要加强就业指导课程和学科建设,积极聘请专家学者、企业人力资源经理、优秀校友担任就业导师,做好高校毕业生就业创业指导工作。(责任单位:各区县政府、市人力社保局、市教委)

(十四)着力做好困难家庭高校毕业生就业帮扶工作。要将零就业家庭、优抚对象家庭、农村贫困户、城乡低保家庭以及残疾等就业困难的高校毕业生列为重点对象实施重点帮扶。享受城乡居民最低生活保障家庭的毕业年度内高校毕业生的求职补贴要在离校前全部发放到位,同时将在京高校的残疾高校毕业生纳入享受求职补贴对象范围。本市各级党政机关、事业单位、国有企业要带头招录残疾高校毕业生。离校未就业高校毕业生实现灵活就业的,在公共就业人才服务机构办理实名登记并按规定缴纳社会保险费的,给予不超过 2 年、不超过其实际缴费 2/3 的社会保险补贴,所需资金从就业专项资金中列支。(责任单位:各区县政府、市人力社保局、市教委、市财政局、市残联)

七、进一步创造公平的就业环境

(十五)大力推进就业公平,维护高校毕业生就业权益。用人单位招聘时不得设置民族、种族、性别、宗教信仰等歧视性条件,不得将院校作为限制性条件。

国有企业招聘应届高校毕业生,除涉密等特殊岗位外,要实行公开招聘,招聘应届高校毕业生信息要在政府网站公开发布,报名时间不少于7天;对拟聘人员应进行公示,明确监督渠道,公示期不少于7天。要严厉打击非法中介和虚假招聘,依法纠正性别、民族等就业歧视现象。加大对企业用工行为的监督检查力度,对企业招用高校毕业生不签订劳动合同、不按时足额缴纳社会保险费、不按时支付工资等违法行为,及时予以查处,切实维护高校毕业生的合法权益。(责任单位:市人力社保局、市教委、市国资委)

(十六)深化高校毕业生就业制度改革。要积极消除高校毕业生在不同地区、不同类型单位之间流动就业的制度性障碍。办理高校毕业生档案转递手续,转正定级表、调整改派手续不再作为接收审核档案的必备材料。(责任单位:市人力社保局、市教委)

八、推动创新高校人才培养机制

(十七)深化高等教育改革。积极调整教育结构,加快发展现代职业教育,深化校企合作、工学结合,培养生产、建设、服务、管理一线的应用型和技能型人才。各高校要明确办学定位,突出办学特色,加强就业教育,提高人才培养质量;自2014年起要发布高校毕业生就业质量年度报告,完善就业与招生计划、人才培养、经费拨款、院校设置的联动机制,充分听取行业主管部门、经济部门、就业部门以及有关行业组织的意见,促进人才培养更好地适应经济社会发展需要。要开展产业升级人才需求预测研究,健全岗位需求统计调查制度,适时向社会发布行业人才需求信息,引导高校优化学科专业结构,探索制定行业岗位标准,促进高校依据市场需求完善专业培养课程。(责任单位:市教委、市人力社保局)

九、加大宣传工作力度

(十八)做好高校毕业生就业创业宣传工作。要大力宣传党和政府对高校毕业生就业创业工作的重视和采取的政策措施,大力宣传高校毕业生到基层和中小微企业就业创业的先进事迹和典型经验,以正确的舆论导向引导社会各方面全面客观地看待当前就业形势,共同关心高校毕业生就业创业工作。市教育部门和各高校要将就业创业政策宣传到每一名高校毕业生,引导高校毕业生转变就业观念,以积极向上的心态走向社会,先就业、再择业,在平凡的岗位上创造不平凡的业绩。市人力社保部门要深入用人单位进行政策宣传,引导用人单位履行社会责任,挖掘就业岗位吸纳更多高校毕业生就业。要在充分利用报纸、广播、电视等传统媒体的基础上,积极探索使用微博、微信、手机客户端等新媒体,深入解读促进高校毕业生就业创业的各项优惠政策。同时,密切关注舆情动态,及时了解和回应社会关切,掌握舆论主导权。(责任单位:各区县政府、市各有关部门)

十、加强对高校毕业生就业创业工作的组织领导

(十九)明确责任,抓好落实。将高校毕业生就业工作列入市政府政绩考核内容,进一步健全政府促进就业责任制度,在制定经济社会发展规划、调整产业结构和产业布局时,把高校毕业生就业作为重要目标予以考虑。要切实加大各类资金的投入力度,确保各项促进高校毕业生就业创业政策落到实处。市就业工作联席会议成员单位要切实履行职责,加强协作配合,共同做好高校毕业生就业创业工作。各区县政府、市各有关部门要按照本实施方案的要求,制定具体措施,切实抓好贯彻落实。(责任单位:各区县政府、市各有关部门)

北京市人民政府办公厅
2014 年 8 月 7 日

上海市教育委员会 上海市人力资源和社会保障局
关于做好 2016 年上海高校毕业生就业创业工作的通知

沪教委学〔2016〕7 号

各高等学校、各区县人力资源和社会保障局：

高校毕业生是国家实施创新驱动发展战略和上海加快建设具有全球影响力的科技创新中心的生力军。高校毕业生就业创业工作牵涉千家万户福祉，影响社会和谐稳定，关乎国家经济发展和民生改善大局。党中央、国务院和上海市委、市政府高度重视高校毕业生就业创业工作。2016 年全国普通高校毕业生预计 765 万人，其中上海高校毕业生达到 18.7 万人，总量压力和结构性矛盾依然存在，就业形势复杂多变。为贯彻落实党的十八届五中全会精神，各高校、各区县要按照国务院以及教育部、人力资源和社会保障部、市委、市政府的相关战略部署，把高校创新创业就业工作放在突出重要位置，确保实现高校毕业生充分就业、努力争取实现更高质量就业。现就做好 2016 届高校毕业生就业创业工作通知如下：

一、健全创新创业服务体系，深入推进创新创业教育

（一）完善创新创业服务体系建设。继续实施《上海市鼓励创业带动就业三年行动计划（2015—2017）》，深入落实上海青年大学生创业引领计划。坚持市场导向，在深刻认识大学生创业规律基础上，努力打通第二课堂和第一课堂，构建以培养企业家精神为核心的创业教育系统；以创新创业为导向，扩大创意项目资助规模，构建以种子轮创新项目培育为重点的创业资助系统，打通种子轮、天使轮、风险轮和税费减免等资助计划；以市场为导向，整合学校、企业和政府资源，构建行业聚焦、专业服务完善的创业孵化系统；通过政府引导和扶持，建设一批空间贴近、居办适宜、成本低廉的创业空间系统，努力降低大学生创业的商务成本；整合创业扶持政策资源，提升大学生创业实战能力，充分发挥创业导师积极作用，构建公益性的一站式创业服务平台。

（二）深化创新创业教育改革。各高校要把完善创新创业教育组织机制作为推进高校创新创业教育改革的突破口，将创新创业教育融入人才培养全过

程。从2016年起所有高校都要设置创新创业教育课程。完善创新创业教育课程体系,促进专业教育与创新创业教育有机融合;创新教育模式,加强实践教学;丰富创业教育内容,模拟创业实景;提升创业教育师资队伍教育教学能力,吸引具有创业经验和社会责任感的企业家参与。对全体学生开发开设创新思维、创业基础、就业创业指导等必修课和选修课,并纳入学分管理。各高校要进一步修订完善大学生学籍管理制度,制定本校创新创业学分转化、实施弹性学制、放宽修业年限、允许保留学籍休学创业,为大学生创新创业提供条件保障。设立创新创业奖学金,在现有相关评优评先项目中拿出一定比例用于表彰创新创业的优秀学生。要广泛举办和参与各类创新创业竞赛、讲座论坛培训、开展创新创业实践。支持成立创业类学生协会、俱乐部等社团,搭建学生创业精神自我教育和协同创业的平台。

(三)提升创新创业服务水平。不断完善创新创业优惠政策,落实创业贷款担保贴息、小微企业减税降费、创业场地房租补贴、创业培训见习补贴、初创期创业社会保险补贴等各项扶持创业政策措施。各高校要充分建设和利用好现有大学科技园、大学生创业园、大学生校外实践基地、创新创业实践基地等平台。支持建设高校创业指导站,推动公共创业政策宣传、受理、专家指导向高校延伸,充分发挥高校与公共创业服务机构合作推进大学生创业工作的积极作用。盘活高校实验室、实验设备等存量资源,面向创业大学生开放。各高校要优化经费支出结构,通过学校自筹、校企合作、风险投资等多渠道筹措安排资金,扶持大学生创新创业。鼓励社会组织、公益团体、企事业单位和个人以设立创业风险基金等多种形式为自主创业大学生提供资金支持。构建公益性的大学生创业服务路演平台,为高校学生提供项目对接、政策宣传、协作创新、朋辈交流等服务,实现创业服务高效、准确送达。

二、不断拓宽重点领域和基层就业,实现充分就业和更高质量就业

(一)完善就业政策,拓展就业岗位,确保就业公平。坚持按照党中央、国务院、教育部和市委市政府关于促进大学生就业创业的相关政策文件要求,保持促进就业政策连续稳定,努力争取有效岗位供给高位稳定,努力维护良好的就业秩序,促进就业公平。确保困难群体就业率不低于平均水平,进一步扩大对困难群体就业的帮扶力度。

各高校要鼓励和引导毕业生到国家重点行业、重点地区、重大项目就业,积极投身上海科创中心建设。要结合"一带一路""长江经济带""京津冀协同发展"等国家重大发展战略,积极向沿海沿江沿线经济带输送毕业生。要结合实施"中国制造 2025"和"互联网+"行动计划,大力开拓就业岗位。要结合本市产业发展规划,引导毕业生到新能源、新材料、智能制造、生物医药、电子信息、节能环保等战略新兴产业以及文化产业、现代服务业、创新创意产业、互联网、物联网、现代农业、公益服务等领域中就业创业。要积极拓展外省市就业渠道,鼓励毕业生赴中西部地区就业创业。

各高校要继续充分发挥校园就业市场的主渠道和基础性作用,深入挖掘就业岗位,积极组织多种形式的校园招聘活动,确保招聘活动场次、岗位数量进一步增加,信息质量进一步提高。充分通过校际、校企、校地等多种就业信息服务平台,实现招聘活动联合联动、招聘信息有效共享。进一步加强对招聘活动的规范管理和招聘信息的审核,要坚决反对任何形式的就业歧视,凡校园招聘活动严禁发布含有限定院校、性别、民族等歧视性信息。要及时更新、按时报送高校毕业生就业信息,引导学生及用人单位诚信签约,切实落实"三严禁""四不准"的要求,营造公平诚信就业环境。

(二)继续鼓励基层就业,充分发掘就业岗位。进一步健全鼓励毕业生到基层就业的服务保障机制,各高校要继续实施好"三支一扶""西部计划""大学生村官"等基层项目。对到中西部地区、艰苦边远地区和老工业基地县以下基层单位就业的毕业生,各高校既要落实好学费补偿和国家助学贷款代偿政策,也要设立校级奖励资金,在评奖评优上给予优先考虑,同时继续做好服务期满之后的继续升学和就业服务等。

加大政府购买力度,开发更多基层公共管理和社会服务岗位吸纳毕业生就业。继续配合相关部门,做好住院医师规范化培训、毕业生到海外担任汉语教师志愿者、重大科研项目聘用高校毕业生担任科研助理等专项工作,做好免费师范毕业生就业工作。

各高校要与兵役部门密切配合,继续做好大学生征兵和直招士官工作,及早部署征兵工作,逐层落实,明确岗位责任。利用多媒体渠道,多形式开展宣传动员,积极开展"网上咨询周""征兵宣传月"等活动,对大学新生、在校生、毕业生等不同群体开展有针对性的宣传动员,切实落实好退役高校学生士兵专项研究生招生计划、复学升学、就业创业服务等政策,确保高校学生征兵数量和质量进一步提高。

各区县要进一步完善整合职业供求信息收集和发布制度,加强信息监督管理和共享,根据本区域产业结构调整的要求和基层人才队伍建设的实际需求,加大人才储备力度。引导和鼓励本区域用人单位积极开拓和发布大学生实习实训岗位信息,增加大学生实习实训机会,提升学生就业能力。加强与有关部门配合,进一步做好毕业生户档迁转、社保接续、组织关系转接等服务工作,通过定期走访、跟踪培养等方式关心基层就业学生的成长,要为基层项目服务期满毕业生提供高质量的岗位推荐和就业指导服务,支持更多毕业生到基层就业。

(三)重点关注,有效实施就业帮扶。各区县、高校要持续建设好就业困难群体毕业生数据库,要准确掌握家庭困难毕业生、少数民族毕业生、农村生源毕业生、残疾毕业生等重点就业困难群体的具体情况,针对不同困难群体的不同特点,实行"一生一策"动态管理,有针对性地制定帮扶措施,开展求职指导、岗位推荐、技能培训等。将求职补贴调整为求职创业补贴,对象范围扩展到就读期间获得国家助学贷款的毕业年度高校毕业生。落实完善见习补贴政策,对见习期满留用率达到50%以上的见习单位以及创业见习成效明显的基地,给予一定的政策扶持。落实小微企业新招用高校毕业生社会保险补贴和离校未就业高校毕业生灵活就业社会保险补贴政策,按规定对吸纳就业困难毕业生的用人单位给予一次性补贴。切实做好灵活就业高校毕业生的人事、劳动保障服务。

继续实施"离校未就业毕业生就业促进计划",切实做好离校未就业毕业生信息衔接和服务接续工作,做好离校未就业毕业生的实名制登记服务,持续为他们提供就业信息和指导服务,努力使每一位有就业意愿的毕业生在毕业年度内实现就业或参与到就业见习、技能培训等就业准备活动中,确保就业困难的毕业生只要对就业岗位不挑不拣,都能在规定时限内实现就业。

三、继续加强就业工作能力建设,大力提高就业服务质量

(一)加强就业队伍建设,稳步提升生涯指导专业化水平。各高校要建立健全职业发展和就业指导服务体系,高度重视毕业生就业指导机构建设,着力加强队伍建设和条件保障,要确保"人员、场地、经费、机构"四到位。要把高校学

生职业生涯发展与就业指导课程融入人才培养全过程,有条件的高校都要积极开设相关课程。建立以教育教学为主渠道的第一课堂,以网络资源、移动信息覆盖为补充的资源平台第二课堂,以个体咨询、团体辅导、讲座沙龙、培训论坛、职业生涯规划大赛以及学生职业发展社团为补充的丰富充实的第三课堂。继续通过与各级各类优质的生涯教育机构进行合作,系统开展多层次、多类型、高水准的生涯教育师资培训,逐步形成具有初、中、高级职业咨询师证照的梯队发展的师资队伍。构筑一支动态稳定、职业化、专业化的生涯指导师资队伍。逐步建成面向不同学生群体特点的,全程化、全方位的生涯教学、辅导、咨询以及生涯成长伴随的多维度生涯发展体系。高度重视解决就业创业指导教师专业技术职务评聘问题,在专业技术职务评聘中充分考虑就业创业指导教师的工作业绩。

(二)推进就业工作信息化,提升就业工作科学化水平。各高校要高度重视就业数据对高校就业工作的指导作用,通过挖掘、整理、分析、应用高校就业数据更好地为相关决策提供支撑。通过专题研讨、课题研究、基层调研等形式深入掌握相关数据,分析数据中反映的现象和问题,并将相关研究成果服务于高校就业工作,切实提高高校就业工作的针对性、有效性。进一步健全就业创业统计指标体系,建立未就业毕业生统计机制,尤其要重点统计有就业意愿尚未就业毕业生、暂不就业毕业生等指标。加强经济数据与就业数据的关联分析,提高对就业形势的预判能力,对就业创业工作开展提供科学的数据支撑。

各高校和各区县要协同配合,深入开展创业就业政策宣传和咨询,充分利用互联网和移动互联网技术,通过网站、微博、微信、手机客户端等渠道,开展订制服务,将政策、信息、服务、指导推送给有需要的毕业生,实现就业服务个性化、信息化、人性化。利用"互联网+"技术,根据毕业生需求,将他们的求职意愿与用人单位科学对接,实现人岗匹配,为毕业生精准推送就业岗位。继续推进就业信息化平台建设,进一步做好用人单位信息登记、高校就业信息统计、就业进展监测、就业困难群体就业状况跟踪、就业信息推送等工作,切实提高就业指导的实效性和科学化水平。

(三)继续开展就业创业基地建设,提升工作聚合效应。继续以上海高校毕业生就业工作创新基地建设和大学生职业生涯指导和服务体系建设计划为抓手,进一步夯实上海高校就业服务工作基础。继续开展创新创业教育和服务平台建设,继续加强对"全国高校实践育人创新创业基地"的培育指导,深化职业生涯工作室和校外实践基地建设。以加强职业生涯发展教育校际联动机制建设为契机,推进示范性高校毕业生就业指导机构建设,拓展行业产业职业资料库建设。着力推进大学生职业生涯发展教育重点项目建设,重点关注大学生创新创业教育现状及课程开发、高校创业指导教师能力提升路径、大学生自主创业瓶颈、创业成功因素研究以及就业创业精准化服务、就业困难群体援助、未就业毕业生统计工作等领域。

(四)坚持就业年报制度,积极发挥就业反馈作用。坚持完善高校毕业生就业质量年度报告发布制度,是各高校建立健全就业状况反馈机制的重要工作。要将创新创业相关情况以及有就业意愿尚未就业毕业生、升学、暂不就业等内容纳入就业质量报告,更加科学、客观地反映高校毕业生就业创业状况和特点。通过建立全方位的就业评价体系,对高校就业创业基本状况进行系统评估,对学校人才培养目标达成度和服务人的终身发展进行科学判断,对就业中反映出的招生计划、人才培养、经费拨款、专业调整、就业趋势等深层次问题进行数据挖掘,并把结果反馈到教育改革工作中,促进就业评价成为推动就业工作的重要动力,实现充分就业和有效提升就业质量。

四、强化就业创业工作组织机制保障

(一)健全组织领导协同机制。要解放思想,实践先行,用改革创新的勇气促进新形势下就业创业工作。各高校要切实落实"一把手"工程,加强对就业创业工作的领导,把促进就业创业工作摆上重要议事日程。健全主要校领导牵头的就业创业工作协调机制,充分发挥就业、团委、招生、教学等部门齐抓共管的工作机制,积极转变职能和定位,定期研究就业创业工作,协调解决重点难点问题,确保各项就业创业目标完成。利用好政策资源,借助市场化的力量,为毕业生搭建就业创业的专业平台,通过创业带动就业,进一步调整、优化就业结构。

(二)完善就业创业服务保障机制。各高校要进一步健全就业创业工作机构,从体制机制上面充分保证对创业工作的对接。统筹用好就业创业专项资金,发挥各项资金促进就业创业的作用,切实落实好就业创业工作的资金保障。要加快建设一批国家级、市级示范性就业创业指导服务机构,促进就业创业指导服务水平进一步提高。

（三）加强思想引领和舆论引导。各高校要把思想教育和毕业生远航教育融合起来，坚持正确的舆论宣传导向，深入学习贯彻习近平总书记系列重要讲话精神，不断丰富思想教育的内容和方式，引导广大毕业生树立正确的择业观、就业观和创业观，进而形成自己的人生观、价值观和成才观。要鼓励大学生勇于创新创业，厚植学校创新创业文化，让同学们在创新创业的过程中，更好地实现自身的价值。倡导敢为人先、宽容失败的创新创业文化。进一步营造全社会共同关心支持创新创业的良好生态环境，促进高校毕业生更高质量创业就业。

上海市教育委员会
上海市人力资源和社会保障局
2016 年 3 月 9 日

参 考 文 献

[1] 斯晓夫,吴晓波,陈凌,邬爱其.创业管理理论与实践[M].杭州:浙江大学出版社,2016.

[2] 卢婵江.欠发达地区高校创新创业教育的若干建议[J].中国成人教育,2015(16):69-71.

[3] 程宝华.应用型本科院校创新创业教育研究——以衢州学院为例[D].济南:山东师范大学,2015.

[4] 陈小花.建构主义视域下大学生创业教育的创新理路探究[J].继续教育研究,2016(8):4-6.

[5] 曹胜利.创新创业教育呼唤模拟教学与体验式课程[J].实验技术与管理,2009(8):1-4.

[6] 向晓书.创新创业教育在创业与实践教学中的应用[J].中国现代教育装备,2009(9):142-144.

[7] 吴金秋.高校推进创新创业教育的理念定位[N].中国教育报,2010-8-14.

[8] 林平.福建省大学生创业扶持政策研究[D].福州:福建农林大学,2014.

[9] 陈庆云.公共政策分析[M].北京:北京大学出版社,2006.

[10] 谭福河.韩国政府对大学生创业支援之借鉴意义[J].经济研究导刊,2007(10):183-184.

[11] 吴佳.浙江省大学生创业环境研究[D].杭州:浙江工业大学,2007.

[12] 汤耀平.广东省大学生创业扶持政策:实施、评价与完善[D].广州:华南理工大学,2011.

[13] 雷宇鸣.高校毕业生就业行为与心态调查与对策——以福建华侨大学为例[J].重庆科技学院学报,2012(9):162-164.

[14] 麦可思研究院. 就业蓝皮书：2016 年中国大学生就业报告[M]. 北京：社会科学文献出版社，2015.

[15] 裴春雨，宋波. 新形势下我国大学生创业政策研究[D]. 沈阳：辽宁大学，2017.

[16] 郭凤志. 创新意识：激发创造力的重要精神资源和力量[J]. 科学社会主义，2002(5).

[17] 赵大伟. 互联网思维"独孤九剑"[M]. 北京：机械工业出版社，2014.

[18] 李亚员. 大学生创新创业教育的目标、原则及路径优化[J]. 思想理论教育，2015(10).

[19] Sullivan R. Entrepreneurial learning and mentoring[J]. International Journal of Entrepreneurial Behavior & Research, 2000, 6(3): 160-175.

[20] St-Jean E. Mentor functions for novice entrepreneurs[J]. Academy of Entrepreneurship Journal, 2011, 17(1): 65-84.

[21] Baron R A, Ensley M D. Opportunity recognition as the detection of meaningful patterns: Evidence from comparisons of novice and experienced entrepreneurs[J]. Management Science, 2006, 52(9): 1331-1344.

[22] Baron R A. Effectual versus predictive logics in entrepreneurial decision making: Differences between experts and novices[J]. Journal of Business Venturing, 2009, 24(4): 310-315.

[23] 刘凤，熊小飞，陈光. 国外创业导师研究：回顾、述评与展望[J]. 科学学与科学技术管理，2016，37(8)：47-57.

[24] Cull J. Mentoring young entrepreneurs: What leads to success[J]. International Journal of Evidence Based Coaching and Mentoring, 2006, 4(2): 8-18.

[25] Deakins D, Graham L, Sullivan R, et al. New venture support: An analysis of mentoring support for new and early stage entrepreneurs[J]. Journal of Small Business and Enterprise Development, 1998, 5(2): 151-161.

[26] Hudson-Davies R, Parker C, Byrom J. Towards a healthy high street: developing mentoring schemes for smaller retailers[J]. Industrial and Commercial Training, 2002, 34(7): 248-255.

[27] Lockwood P, Jordan C H, Kunda Z. Motivation by positive or negative role models: Regulatory focus determines who will best inspire us [J]. Journal of Personality and Social Psychology, 2002, 83(4): 854-864.

[28] St-Jean E, Audet J. The role of mentoring in the learning development of the novice entrepreneur[J]. International Entrepreneurship and Management Journal, 2012, 8(1): 119-140.

[29] Ozgen E, Baron R A. Social sources of information in opportunity recognition: Effects of mentors, industry networks, and professional forums [J]. Journal of Business Venturing, 2007, 22(2): 174-192.

[30] Cope J, Watts G. Learning by doing-An exploration of experience, critical incidents and reflection in entrepreneurial learning[J]. International Journal of Entrepreneurial Behavior & Research, 1999, 6(3): 104-124.

[31] Hezlett S A. Protégés' learning in mentoring relationships: A review of the literature and an exploratory case study[J]. Advances in Developing Human Resources, 2005, 7(4): 505-526.

[32] Bisk L. Formal entrepreneurial mentoring: The efficacy of third party managed programs[J]. Career Development International, 2002, 7(5): 262-270.

[33] 黄海燕. 浅析创业团队的组建[J]. 商场现代化, 2008(9): 65-66.

[34] 陈华强. 基于 Timmons 模型广州高校学生创业能力现状研究[D]. 广州: 华南理工大学, 2011.

[35] Romanelli E. Organization birth and population variety: A community perspective on origins[J]. Cummings L I staw B M Research in organizational behavior, Greenwich, CT: JAI Press, 1989, 11(4): 211-246.

[36] 么乃亮. 服务型小企业创业战略选择研究[D]. 长春: 吉林大学, 2013.

[37] 余翔. 集群共享性资源对新创企业创业导向的影响研究[D]. 长春: 吉林大学, 2007.

[38] 谢玉芬. ZH 公司药用包装项目财务策略研究[D]. 哈尔滨: 哈尔滨工业大学, 2014.

[39] 李长杰.金融危机下中小企业融资难成因分析及对策[J].经济视角,2010(24):86-87.

[40] 王小芳.创新政府投资管理方式 支持晋城经济转型跨越发展[J].山西财税,2012(4):29-31.

[41] 姜瑶英.以知识产权融资促进知识成果产业化[J].中国青年科技,2007(1):60-63.

[42] 潘婉莹,刘改琳.基于动态对等理论的中文商标翻译[J].和田师范专科学校学报,2011,30(1):120-121.

[43] 袁静.论公司股权制度的基本内容[J].企业研究,2012(14):8-9.

[44] 陈少华,田洁,周毅.基于成本控制的企业培训管理对策研究[J].武汉电力职业技术学院学报,2017(3).

[45] 王亚峰.一对一市场营销模式对旅行社传统业务流程影响的研究[J].北方经济,2009(2):21-22.

[46] 朱慧敏.小议改制企业会计核算方法的建立[J].中国城市经济,2011(15):95-97.

[47] 齐莉.中小企业财务风险的防范与控制[J].现代乡镇,2009(12):10-12.

[48] 田琪瑜,唐思琪.关于营业税改增值税的探讨[J].商,2015(38):182.

[49] 卡尔文.中篇:差异化、目标营销和目标客户[J].东方企业家,2003(1).

[50] 芮明杰.现代企业持续发展的阶梯:再创业[J].上海管理科学,2003(1):4-7.

[51] 李敏君,王晓彤.特许经营优势及风险研究[J].合作经济与科技,2014(6):60-61.

[52] 詹霞.论公司创业及其模式[J].天津市经理学院学报,2006(5):25-26.

[53] 孙连才.创业管理:企业动态能力新思维[J].中国工业评论,2012(3):50-58.

[54] 翁向东.成功品牌经营的七大黄金法则[J].企业文化与管理,2015

(11).

 [55] 翁向东.品牌创新管理的黄金法则[J].创新科技,2006(5):54-55.

 [56] 梁莱歆.从高新技术企业融资特性谈我国风险投资体系[J].中南大学学报(社会科学版),2003,9(1):81-84.

 [57] 郑元豹.什么情况下都不能动摇品牌信念[N].中国工业报,2004.

 [58] 宫雅卓.论创业企业的分段风险投资策略[J].科技创业月刊,2003(9):63-64.

 [59] 谢冰,邹伟,谢科范.企业成长分析[J].科技与管理,2004(4):40-41.

 [60] 庄曙光.民营企业创业融资策略研究[D].厦门:厦门大学,2007.

 [61] 余海明.南航危机管理研究[D].沈阳:东北大学,2009.

 [62] 陈丽伟.企业成长中的危机管理[D].北京:首都经济贸易大学,2007.